Schirner
Verlag

Kristina Marita
Rumpel

Echte
Dankbarkeit

Wie ein Bewusstsein
der *Verbundenheit*
uns reich macht

Schirner
Verlag

Die Ratschläge in diesem Buch sind sorgfältig erwogen und geprüft. Sie bieten jedoch keinen Ersatz für kompetenten medizinischen oder psychologischen Rat, sondern dienen der Begleitung und der Anregung der Selbstheilungskräfte. Alle Angaben in diesem Buch erfolgen daher ohne Gewährleistung oder Garantie seitens der Autorin oder des Verlages. Eine Haftung der Autorin bzw. des Verlages und seiner Beauftragten für Personen-, Sach- und Vermögensschäden ist ausgeschlossen.

Dieses Buch enthält Verweise zu Webseiten, auf deren Inhalte der Verlag keinen Einfluss hat. Für diese Inhalte wird seitens des Verlages keine Gewähr übernommen. Für die Inhalte der verlinkten Seiten ist stets der jeweilige Anbieter oder Betreiber der Seiten verantwortlich.

ISBN 978-3-8434-1360-2

Kristina Marita Rumpel:
Echte Dankbarkeit
Wie ein Bewusstsein der
Verbundenheit uns reich macht
© 2018 Schirner Verlag, Darmstadt

Umschlag: Silja Bernspitz, Schirner,
unter Verwendung von # 1020683044 (© Billion Photos), # 534375184 (© nito), # 556769113 (© mhatzapa), # 526288633 (© nubenamo), # 279643667 (© Chinnapong) und # 595539692 (© OlScher),
www.shutterstock.com
Layout: Silja Bernspitz, Schirner
Lektorat: Bastian Rittinghaus, Schirner
Printed by: Ren Medien GmbH, Germany

www.schirner.com

1. Auflage Juli 2018

Widmung

Dieses Buch widme ich meiner Familie,
meiner Mutter, meinem Vater und meinem Sohn,
die immer für mich da sind, hinter mir stehen
und meinen Weg voller Liebe im Herzen begleiten.
Worte können meinen Dank für euer Sein
nicht ausdrücken. Mögen wir stets im Gefühl
der Dankbarkeit verbunden sein!

Inhalt

Seien wir dankbar für Menschen,
die uns glücklich machen!

Marcel Proust

Vorwort

Danke – ein kleines Wort mit großer Wirkung

»Danke« gehört zu den ersten Wörtern, die wir lernen. Doch im Lauf des Lebens rückt seine Bedeutung nicht selten in den Hintergrund. Wir benutzen es im Alltag, ja. Aber sind wir uns seiner Kraft und Macht bewusst? »Danke« und »Bitte« seien Zauberworte, sagen wir unseren Kindern. Und da steckt viel Wahrheit drin: Ein Danke öffnet Türen – zu unseren Mitmenschen, zu unserem Herzen. Dieses Wort schafft Verbundenheit, nachhaltige und tragfähige Verbundenheit. Und das vermag eben nur echte Dankbarkeit. Daher ist Dank weit mehr als eine Floskel oder anerzogene Höflichkeit. Er ist eine innere Haltung gegenüber dem Leben, die das persönliche Erleben und die Gemeinschaft verändert. Dankbarkeit stellt eine Qualität des Seins dar, die uns innewohnt und die uns, wenn wir ihren Wert für uns entdecken, in ein reiches Leben führt: ein Leben, das wir beseelt und begeistert, mit Freude und Leichtigkeit im Herzen leben können. Dankbarkeit trägt die Kraft der Erneuerung in sich und führt uns in ein Bewusstsein des In-Ordnung-Seins. Sie kann unser Leben neu ausrichten und die Welt vom Kopf wieder auf die Füße stellen. Dankbarkeit heilt den Urschmerz der Getrenntheit in uns und in der Welt. Eine Erfahrung, die ich selbst gemacht habe: Das Schreiben dieses Buches habe ich als eine Kur der Lebendigkeit und Erneuerung meiner mentalen, emotionalen und seelischen Kraft erfahren. Ich bin so dankbar dafür!

Sehnen wir uns nicht alle danach, heil und ganz zu sein? Endlich anzukommen in uns und in der Welt? Dafür tun wir viel: Wir arbeiten an uns und entfalten unsere Gaben, engagieren uns hier und dort – und fragen uns, wann wir endlich ankommen. Wann ist es gut? Die Antwort ist: Nie. Denn das Leben ist ständig im Fluss und im Werden. Auch noch an der Schwelle des Todes werden wir und durchleben die größte Transformation unserer Seele. Ankommen ist kein Zustand, kein Fixpunkt in unserem Leben, es ist ein immer wiederkehrendes Gefühl. Wenn wir uns selbst spüren und im Moment ankommen, ist dies das Geschenk unserer Lebendigkeit. In Momenten dieser Intensität durchströmt uns Dankbarkeit. Ganz in der Präsenz des Seins sind unsere Seele und wir mit der göttlichen Quelle verbunden. Dankbarkeit im Herzen, echte Dankbarkeit, ist das Tor, das du durchschreitest, um anzukommen: dein Leben lang – in jedem Moment wieder neu. Je lebendiger wir sind und je offener für das Leben, das sich Moment für Moment wie eine Perlenschnur zusammenfügt, desto intensiver können wir das Jetzt wahrnehmen. Die Wahrnehmung dessen, was ist, in uns, um uns und über uns, ist der Weg zur Dankbarkeit.

Dankbarkeit ist keine Einbahnstraße. Wir müssen also nicht warten, bis uns jemand dieses Gefühl durch sein Tun und Handeln schenkt. Wir müssen nicht erst einen Zustand erreichen, um anschließend dankbar zu sein. Das ist ein Trugschluss unserer verdrehten Welt, die nicht mehr im Sein wurzelt. In Wahrheit kommt erst das Sein, dann das Haben. Das ist die Ordnung, die die Fülle zum Fließen bringt. Dankbarkeit ist eine innere Haltung zum Leben selbst, und diese Haltung kann gelernt und gezielt genutzt werden, um mehr und mehr Momente der Verbundenheit wahrzunehmen. Sie ist ein sich selbst verstärkender Mechanismus, der Zufriedenheit und Glück hervorbringt. Denn es gibt unendlich viele Gründe, dankbar zu sein. Sie sind immer da, wir sehen sie nur meist nicht. Mir wurde dies ganz deutlich durch meine schwere Erkrankung. Wenn nach einer großen Bauch-OP alles schmerzt und keine Körperfunktion mehr selbstverständlich ist, dann wird einem das Wunderwerk, das der Körper ist, erst bewusst. Tagtäglich schenkt er uns das Leben neu, doch im Alltag übergehen wir seine Leistung oft achtlos. Dasselbe gilt für die Begleitung vieler Menschen, die uns ein Leben, wie wir es führen, erst ermöglichen, angefangen bei unseren Eltern und Lehrern über Freunde, Weggefährten, Förderer und Menschen, die für uns arbeiten, bis hin zu jenen Menschen, die uns das Leben schwer machen und uns so dazu anstacheln, über uns hinauszuwachsen. Nicht zu vergessen ist die Natur, die alles hervorbringt, was wir zum Leben brauchen.

>>> *Übung:* **Wem oder was bist du dankbar?**

Lege an dieser Stelle das Buch kurz zur Seite. Nimm dir ein paar Minuten, und schreibe – ohne groß darüber nachzudenken – eine Liste mit fünf Punkten. Fünf Menschen oder Dinge, für die du dankbar bist. Lies die Liste, und erinnere dich an die schönen Gegebenheiten, die dir in deinem Leben begegnet sind. Die Liste hilft dir, dich dem Thema Dankbarkeit aus deiner persönlichen Perspektive zu nähern und es zu deinem Thema zu machen.

Hier ein paar Fragen zur Selbstreflexion:
Fällt es dir leicht oder schwer, die fünf Punkte zu finden?
Wie fühlt es sich an, die Liste schwarz auf weiß zu sehen?
Wie fühlt sich Dankbarkeit körperlich an? Wo im Körper spürst du ein Kribbeln?
Verspürst du vielleicht sogar ein Unbehagen?

Das ist möglich, wenn du mit Dankbarkeit unschöne Momente verknüpfst, z. B., wenn du dich jemandem dankbar zeigen solltest, obwohl du das nicht empfunden hast. Dann hast du eine Grenzverletzung erfahren, die es dir jetzt erschwert, dich auf das Thema einzulassen. Sollen hat im Zusammenhang mit Dankbarkeit keinen Raum, denn sie ist ein Gefühl, das da ist oder nicht. Wir haben keinen Einfluss darauf und können es nicht erzwingen. Wohl aber können wir an der Dankbarkeit als innerer Haltung arbeiten. Diese Unterscheidung zu Beginn zu erkennen, ist hilfreich. Denn eine negative Vorprägung erschwert natürlich die Praxis der Dankbarkeit. Sieh es ab jetzt als Chance, dich von der Vergangenheit zu befreien und dich mithilfe dieses Buches im Hier und Jetzt für »Dankbarkeit 2.0« als neue Erfahrung zu öffnen.

Den allermeisten Menschen wurde das »Danke« eingetrichtert. Sie benutzen das Wort unhinterfragt und fast automatisch. Diese Ausdrucksform der Dankbarkeit, die dahergesagt wird, weil man das eben so tut in bestimmten Situationen, kommt nicht von Herzen und hat auch mit der bereichernden Erfahrung einer echten Dankbarkeit nichts zu tun. Das stört normalerweise auch niemanden. Besser irgendein Danke als keines. Aber dich sollte es in Zukunft aufhorchen lassen. Beim genaueren Betrachten zeigt sich nämlich, dass wir das Wort abnutzen und ein echtes Geschenk, das das Leben uns macht, einfach achtlos liegen lassen. Wir übersehen, dass »Danke« eben nicht irgendein Wort ist, sondern vielmehr eine Kraft in sich trägt, die das Potenzial hat, uns physisch und psychisch gesund zu halten. Es ermöglicht uns einen neuen Blick auf das Leben und enthebt uns dem Hamsterrad und dem Kleindenken des Alltäglichen.

Wir wollen unser Bewusstsein öffnen für Dankbarkeit als Weg der Lebensentfaltung. Es geht nicht darum, immer schön Danke zu sagen. Nein, wir treten kraft der Dankbarkeit in einen Prozess der Bewusstwerdung ein, der uns in ein Mehr an Lebendigkeit führt. Dazu beleuchte ich die verbindende Kraft hinter dem Wort und gebe dir Impulse, wie du diese Kraft in dein Leben integrieren und ganz selbstverständlich leben kannst – in jedem Moment und zu jeder Gelegenheit. Echte, mit Herz und Geist erfüllte Dankbarkeit breitet sich wie ein Segen in uns und um uns herum aus. Wer dankbar ist, ist in der Liebe und in seinem Herzen und damit bei sich ebenso wie beim anderen. Dankbarkeit lässt uns den Wir-Sinn in der neuen Zeit entwickeln, der die Gräben der Trennung und die offenen Wunden schließen kann. Jedes Danke, das wahrhaftig gesprochen wird, erhöht die Schwingung der Erde, da es ein Feld der Verbundenheit erschafft.

Dankbarkeit besitzt die Kraft, Brücken zu schlagen, und ist somit geeignet, die Vergangenheit mit der Zukunft zu versöhnen. »Danke« ist das Schlüsselwort einer Zeit des inneren und äußeren Friedens und der Freude am Sein. Erbaue dir mithilfe dieses Buches jene Welt, in der du und deine Kinder und Kindeskinder voller Dankbarkeit im Herzen leben werden. Schenke der Dankbarkeit Raum in deinem Leben, und das Leben beschenkt dich. Du wirst reich an kostbaren Lebensmomenten, für die du im Herzen dankbar bist.

Für dein Dasein und das Lesen meines Buches danke ich dir aufrichtig. Möge eine Verbindung zwischen allen, die das Buch lesen, entstehen, und es eine goldene Spur im Leben der Menschen hinterlassen.

Dankbare Menschen sind die fruchtbarsten Felder, denn sie geben das Empfangene zehnfach zurück.

August von Kotzebue

Dankbarkeit – was für ein schönes Wort

Es löst unmittelbar ein Wohlgefühl in uns aus, vielleicht sogar begleitet von einem Seufzer, einem Sehnen nach jenem Zustand, in dem wir tief dankbar sind. Warum? Dankbarkeit drückt aus, dass alles (wieder) gut ist. »Danke« ist ein Signal, dass etwas bei uns angekommen ist – eine materielle, emotionale oder spirituelle Zuwendung. Wer dankbar ist, wurde beschenkt und hat die Kunst des Annehmens erlernt. Denn für eine Geschenkübergabe braucht es nicht nur einen gebenden Part, sondern auch einen, der bereit ist, das Paket in Empfang zu nehmen. Annehmen-Können ist also eine Voraussetzung dafür, Dankbarkeit in der Tiefe zu empfinden. Das ist gar nicht so leicht. Viele Menschen denken unbewusst, dass sie es nicht verdient haben, etwas zu bekommen. Sie halten sich nicht für wertvoll. Der Satz »Das wäre doch nicht nötig gewesen«, der anstelle von oder direkt nach einem Dank für ein Geschenk geäußert wird, bringt dieses Unwohlsein häufig zum Ausdruck. Woher kommt das Unbehagen? Meist wird ein Geschenk als Last empfunden, wenn man glaubt, es im gleichen Umfang erwidern zu müssen.

Wer so denkt, dem fällt das Annehmen schwer, denn ein Geschenk bedeutet für ihn Stress. Unter Druck ist kein Raum für Freude und Dankbarkeit. Die Leistung steht im Vordergrund. Da hilft es, sich einmal zu vergegenwärtigen, dass wir zwar in einer Leistungsgesellschaft leben, aber nicht alles, was einen Wert hat, auch einen Preis haben muss. Oder anders: Alles Leben ist allein aufgrund seines Daseins wertvoll. Somit bist du in jedem Moment einfach nur wegen deines Seins dazu berechtigt, ein Geschenk zu erhalten, das das Leben oder andere Menschen dir machen. Das Leben verkörpert das gebende Prinzip selbst, und so scheint die Sonne, ob wir uns würdig, bereit oder willens fühlen oder nicht. Sie ist da für uns – ob wir ihr Sein dankbar annehmen, es ablehnen oder gar nicht erst bemerken, liegt an uns.

Dankbar für etwas sein, was wir erhalten haben, fällt nicht immer leicht. Vielleicht steht dem unser Ego im Weg, und wir denken: »Das habe ich ja nicht allein geschafft. Ich war auf Hilfe angewiesen.« Wir empfinden es als Makel oder Versagen, jemandem zu Dank verpflichtet zu sein. In solchen Momenten schauen wir auf das halb leere statt auf das halb volle Glas, und das Geschenk, nicht allein zu sein im Leben, schütten wir wie das Kind mit dem Bade aus. Gerade in Zeiten, in denen wir uns minderwertig und mangelhaft fühlen, etwa, wenn wir körperliche, finanzielle oder seelische Probleme haben, scheint es fast übermenschlich, Dankbarkeit zu empfinden und den Blick auf das Leben in all seiner Fülle, die uns in jedem Moment umgibt, zu öffnen.

Das ist verständlich. Aber doch: Haben wir nicht allen Grund, dankbar zu sein? Den ultimativen Grund in jedem Moment? Uns allen wurde das Leben geschenkt. Ist Dankbarkeit dann nicht der fruchtbare Humus, auf dem sich unser Leben entfaltet? Dankbar Mutter Erde, deren Frucht wir sind? Dankbar unserer leiblichen Mutter, die uns Raum und Zeit geschenkt hat, zu reifen? Dankbar der Großen Mutter, der Quelle allen Seins? So gesehen ist Dankbarkeit nicht an das gekoppelt, was wir erfahren, sondern vielmehr an den Umstand, dass wir überhaupt etwas erfahren können aufgrund unseres Daseins.

Das offenbart uns auch den Sinn unseres Daseins: Freude, Verbindung, Liebe leben und mehren. Dies heißt wiederum, dass wir nur zur Dankbarkeit fähig sind, wenn wir uns als Teil des Ganzen begreifen. Dann sind wir mit Himmel und Erde verbunden, im Sein angekommen und erleben Glück und Zufriedenheit. Diese Wahrnehmung ergibt sich einfach aus einem im Sein verwurzelten Leben, weil es die Qualitäten des Daseins sind. In den Worten von Marie von Ebern-Eschenbach: »In jede hohe Freude mischt sich eine Empfindung der Dankbarkeit.« Dankbarkeit als innere Haltung anzustreben, ist folglich weise im wahren Sinne des Wortes. Denn weise zu sein, heißt nichts anderes, als alles, was war, ist und sein wird, anzunehmen in einer demütigen, sprich hinnehmenden und dankbaren Geste dem Sein und dem göttlichen Willen gegenüber. Genau das ist übrigens auch der Schlüssel zu einer leichten, würdevollen Geburt sowie zu einem gnadenvollen Sterben – getragen vom Bewusstsein der Verbundenheit in jedem Moment. Wir haben es hier also mit der Essenz des Seins zu tun und einer Voraussetzung für ein erfülltes Leben.

Dankbarkeit ist im Grunde eine Liebeserklärung an das Leben selbst. Je älter wir werden, desto deutlicher tritt diese Sichtweise in den Vordergrund. Mit vorangeschrittener Lebenszeit wird die verbleibende Zeit immer kostbarer, und das Wunder des Lebens und die Einzigartigkeit jedes Augenblicks schimmern deutlicher durch die Bewusstseinsschleier. Wenn wir einmal voller Dankbarkeit im Herzen die Erde verlassen, dann war unser Leben reich an schönen Momenten. Geld können wir nicht mitnehmen, das letzte Hemd hat bekanntlich keine Taschen. Doch Momente, die unsere Seele erfüllt haben mit Freude, Liebe und Dankbarkeit – ja, diese Momente bleiben den Menschen, die zurückbleiben, in Erinnerung, und sie haben das Leben desjenigen, der weitergeht, erfüllt, und die Seele kehrt erfüllt in die Ewigkeit ein. Denn das ist ja der Sinn des Lebens: das Leben erleben, wahrhaft lebendig sein und die Lebenszeit mit Momenten der Freude und der Dankbarkeit füllen – für uns und andere.

»Danke« ist dann das kürzeste Gebet, wie es schon Meister Eckhart so trefflich formulierte. Echte Dankbarkeit im Herzen erhebt unsere Seele und lässt uns Transzendenz erfahren, dieses Mehr an Sein, das über uns hinausweist in die Ewigkeit. Dankbarkeit lässt uns der Teilhabe am Sein und der Verbundenheit mit allem bewusst werden. Sie öffnet uns den Horizont für das Große und Ganze und lässt uns unseren Platz darin erkennen. Sie verleiht uns Wurzeln und Flügel zugleich und gibt uns das Vertrauen, dass wir da, wo wir sind, genau richtig sind. Daraus entsteht die Motivation, weiter zu streben und auch anderen ein Quell der Inspiration für ein Leben in Dankbarkeit zu sein.

Ob wir Dankbarkeit empfinden, signalisiert uns, ob wir noch mit uns, unseren Mitmenschen, dem kosmischen Gefüge verbunden sind. Sie fließt immer dann aus unserem Herzen, wenn wir uns als Teil des Ganzen fühlen. »Danke« mag zur Floskel geschrumpft sein, doch dieses Wort trägt noch immer die Power in sich, das ganz große Rad zu drehen und Dinge wieder in Bewegung zu bringen. Ein so kleines Wort, das Berge versetzen kann in unserem Erleben und unserem Zugang zur Welt. Dankbarkeit geht eng einher mit dem Gefühl der Wertschätzung. Sie ist eine Haltung, die das Leben bejaht und uns für die Wunder und die Schönheit des Seins öffnet. Wer die Kunst des Annehmens beherrscht, hat verstanden, dass er im Danksagen selbst zum Geber wird. Dankbarkeit unterstreicht das gebende Prinzip des Seins und trägt es weiter. Daher wird der Ausdruck von Dankbarkeit selbst zum Kraftspender, schenkt anderen Freude und Lebendigkeit. Dankbarkeit ist das Fundament eines Lebens, das reich an Verbindung und Miteinander ist – der Stoff, aus dem die Zukunft ist.

·›››› Übung: **Dankbarkeit als gute Gewohnheit**

Dankbarkeit fällt nicht vom Himmel. Doch sie lässt sich mehren, wenn wir uns auf den Weg machen, sie neu zu erlernen. Dabei geht es schlicht darum, sich Dankbarkeit als Gewohnheit anzutrainieren. Routinen führen das Regiment in unserem Leben. Doch welche Verhaltensmuster wir leben wollen, das können wir immer noch selbst entscheiden. Dankbarkeit als gute Angewohnheit einführen – das bringt neuen Schwung und Bewusstheit! Mein Vorschlag: Lasse lieber das viele Entschuldigung-Sagen weg – Schuld und Scham sind Konzepte der Vergangenheit, die Leben verhindern. Bedanke dich dafür öfter bewusst bei den Menschen, die dich umgeben und dir am Herzen liegen. Schaue ihnen in die Augen und lächle, und schon steht die Verbindung auf einer ganz neuen Basis. Nicht umsonst heißt es, dass ein Lächeln die kürzeste Verbindung zwischen zwei Menschen ist. Und ein »Danke« festigt diese Verbindung. Die »Dankes-Gewohnheit« führt uns dahin, nicht so vieles als selbstverständlich hinzunehmen, sondern uns seine Wertigkeit zu vergegenwärtigen und vor allem auch gezielt auf die positiven Seiten und Taten unserer Mitmenschen zu schauen. Dadurch sehen wir auch wieder mehr lichte und freudige Momente in unserem Leben. Zum Training empfiehlt sich ein Dankbarkeitsbuch. In dieses kleine Büchlein schreibst du jeden Tag eine Begegnung oder ein Erlebnis hinein, wofür du jemandem zu Dank verpflichtet warst bzw. dich von Herzen für etwas bedankt hast. Es gibt mehr Gelegenheiten dazu, als wir auf den ersten Blick meinen, wenn Dankbarkeit zu einer guten Gewohnheit im zwischenmenschlichen Bereich geworden ist. Vergiss nicht: Wenn du auch für kleine Gesten und Gaben dankbar sein kannst, ziehst du automatisch mehr Situationen in dein Leben, über die du dich freust.

Dankbarkeit breitet sich in dem Maße in unserem Leben aus, in dem wir bereit sind, Dinge und Erfahrungen bewusst an- und wahrzunehmen, ohne sie zu bewerten. Dann können wir ihnen gegenüber schlicht aufgrund ihres Daseins Dankbarkeit empfinden. Es wäre ein Irrglaube, dass es einfacher ist, für große Geschenke des Lebens dankbar zu sein. Das scheint auf den ersten Blick logisch, verschleiert aber den Blick darauf, dass es sich bei Dankbarkeit um einen Wert ohne Preis handelt. Was ist damit gemeint? Dankbarkeit ist relativ und steht immer in Beziehung zu uns, unserem Erleben und unserer Situation. Ein halb verdursteter Mensch in der Wüste ist vermutlich mehr als dankbar für einen Schluck Wasser, während ein Multimillionär vermutlich weniger dankbar wäre für eine Luxusjacht, die für die meisten einen unvorstellbaren Wert darstellt.

Das Gefühl der Dankbarkeit ist also unabhängig vom Gegenwert. Sie ist eine Energie, die aus der Tiefe des Herzens fließt. Dies setzt eine Offenheit des Herzens und die Bereitschaft, etwas anzunehmen, voraus, hat aber nichts mit dem Grad der Bedürftigkeit zu tun und ist schon gar kein Ausdruck von Unterwürfigkeit. Wer dies so empfindet, hat Dankesagen gelernt, ohne die Bedeutung und Kraft dahinter zu verstehen. Echte Dankbarkeit ist die Bestätigung, dass wir im Leben angekommen sind und unser Sein und das Sein um uns herum wertschätzen. Alles ist dann wert, dafür dankbar zu sein. Das fällt leichter, wenn wir den Sinn im Leben bejahen und die Ordnung, die in allem ist – im Kleinen wie im Großen –, für uns selbst als gültig annehmen können. »In Ordnung sein« wollen, sich wohlfühlen mit sich selbst und anderen, fördert das Dankbarkeitsgefühl.

Echte Dankbarkeit macht alles leichter und zugänglicher. Sie erzeugt eine Schwingung, in der man sich wohlfühlen, öffnen und so zeigen kann, wie man ist. Dadurch gibt sie den Raum, Potenziale zu entfalten. Sie ist ein einfacher und wirkungsvoller Weg, jemandem zu zeigen: »Hey, du wirst gesehen, und so, wie du bist, bist du vollkommen in Ordnung.« Gerade auch im Umgang mit Kindern ist echte Dankbarkeit in Verbindung mit Lob ein wahres Wundermittel, das sie begeistert, sich aus sich selbst heraus weiterzuentwickeln. Nicht, um zu gefallen oder Vorgaben zu entsprechen, sondern schlicht, weil es sich so gut anfühlt, wertschätzend gesehen zu werden. Inspiriert führen – das ist nicht nur in Familien, sondern auch im Umgang mit Mitarbeitern das Thema der Zukunft.

·))) *Übung:* Echte Dankbarkeit empfinden

Echte Dankbarkeit wirkt immer aufbauend und erhebend für einen selbst und andere. Sie ist ein Ausdruck größtmöglicher Präsenz und Verbundenheit im Hier und Jetzt.

Es gibt drei Punkte, an denen du erkennen kannst, ob Dankbarkeit echt ist:

- Sie wird auch für die kleinen Dinge, nicht nur große Wohltaten empfunden.

- Sie berührt in der Tiefe der Seele, was an einem beseelten Lächeln und leuchtenden Augen abzulesen ist. Sie stellt eine unmittelbare Verbindung her, in der man einander spürt.

- Sie löst ein Gefühl des Beschenktwerdens und Gesegnetseins aus, und dieses Glücksgefühl geht auf den anderen über. Es ist die Basis für weitere Momente echter Dankbarkeit.

Echte Dankbarkeit ist ein Anzeiger dafür, ob etwas wirklich beim Gegenüber angekommen ist. Wenn du z. B. etwas für jemanden getan hast und dafür kein Dank von Herzen zurückkommt, dann ist dein Tun, deine Gabe, nicht gesehen worden. Achte also auf die Reaktion deines Gegenübers, wenn du etwas gibst. Schaue genau hin, und frage dich, warum das »Danke« ausgeblieben ist: War das Geschenk nicht erwünscht? Wurde es als selbstverständlich angesehen? Konnte sein Wert nicht erkannt werden (auch weil die eigene Wertschätzung fehlt)? Steckte das Gegenüber in sich fest (fehlt ihm z. B. Lebensfreude)? Du kannst so wertvolle Hinweise erhalten und Schlüsse für dein weiteres Verhalten ziehen, ohne selbst in die Schmerzfalle zu stürzen. Ganz klar: Gib weiter, solange du dich wohlfühlst. Gib aus ganzem Herzen, und erwarte kein Danke und keine Gegenleistung. Beachte jedoch auch, dass es immer einen natürlichen Ausgleich von Geben und Nehmen geben sollte, damit es dich nicht doch irgendwann aus dem Gleichgewicht bringt.

‹‹‹·

Wenn jemand richtig schlecht ist,
sei dankbar, dass du es nicht bist.
Und wenn jemand richtig gut ist,
sei dankbar, dass du etwas Gutes
gesehen hast und dass auch du
das sein könntest.

Yogi Bhajan

Dankbarkeit
macht reich und glücklich

Halten wir fest: Dankbarkeit ist mehr als ein Gefühl, sie ist eine innere Haltung, die es uns ermöglicht, jeden Augenblick als Geschenk zu erkennen. Und wir können uns bewusst für sie entscheiden. Mit wachsendem Bewusstsein für den Augenblick wächst auch unsere Lebendigkeit. Wir sind in jedem Moment mit allem verbunden, was in uns, um uns und über uns ist. Dankbarkeit wird selbst das Geschenk. An die Stelle des Immer-noch-mehr-sein-Müssens tritt ein Mehr an Sein – eine Expansion in die Tiefe und Höhe des Erlebens, der innerer Reichtum entspringt, im Gegensatz zu einem äußeren Streben nach Erfolg, Ruhm, Bestätigung. Wenn wir ein Leben aus unserer inneren Quelle heraus leben wollen, dann liegt der Fahrplan klar vor uns: Bauen wir Stationen der Dankbarkeit in unser Leben ein!

Es gibt Studien aus dem Jahr 2003, die ganz klar belegen: Wer sich Zeit für Dankbarkeitsübungen nimmt, ist insgesamt glücklicher, optimistischer, hilfsbereiter, einfühlsamer und spirituell aufgeschlossener. Dankbarkeit zu empfinden, scheint mir für die menschliche Psyche sogar noch essenzieller zu sein als Berührung und Austausch mit anderen Menschen. »Dankbarkeit ist das Gefühl des Staunens, des Dankbarseins und der Feier des

Lebens«, so der US-amerikanische Psychologe Robert Emmons, der sich der Erforschung der Dankbarkeit widmete. Die positive Wirkung ist unabhängig davon, ob wir einem anderen Menschen, einer höheren Macht oder uns selbst dankbar sind. Dankbarkeit empfinden und zum Ausdruck bringen zu können, macht den Unterschied im Erleben aus und hebt die Lebensqualität messbar. In Emmons Untersuchungen war die »Dankbarkeitsgruppe«, also jene Gruppe, die regelmäßig Dankbarkeit trainierte, nicht nur zufriedener. Sie zeigte auch weniger körperliche Beschwerden wie Kopfschmerzen, Husten oder Schwindel, war aktiver und unternehmungslustiger. Neben der Dankbarkeit erlebte sie weitere positive Gefühle wie etwa Begeisterung, Freude, Neugierde, Stolz. Insgesamt fühlte sie sich sozial verbundener und schlief sogar besser. Das Ergebnis der Untersuchung war überwältigend: Dankbarkeit trägt wesentlich zum Wohlbefinden und zur eigenen Gesundheit bei. Der Stresslevel senkt sich langfristig und das Glücksgefühl wird angekurbelt, wenn regelmäßig – nicht mechanisch, aber doch kontinuierlich – Dankbarkeitsübungen und -rituale ins Leben integriert werden.

Also schöpfe aus dem Vollen, und lasse sich Dankbarkeit ausbreiten für ein Leben in der Fülle des Daseins.

Den ganzen Tag dankbar

Wer Dankbarkeit empfindet, ist frei von Gefühlen, die ihn herunterziehen und kleinhalten, wie Neid, Feindseligkeit, Ärger und Sorge. Sie ist sozusagen der Booster für unser Leben und ein Gegenmittel für alle Gedanken, die uns davon abhalten, zu erkennen, wie großartig wir sind und wie wunderbar unser Leben ist. Dankbarkeit, eine gute alte Tugend, ist wieder modern, weil sie nachweislich so viele gute Effekte auf unser Wohlgefühl und unser Leben hat.

Wenn du die Bremsen in deinem Leben lösen willst, dann suche nach Wegen, das Gefühl der Dankbarkeit im Alltag immer wieder zu erfahren. Überlasse es nicht dem Zufall, nimm die Verantwortung für dein Glücklich- und Dankbarsein selbst in die Hand. Baue die Dankbarkeit wie Schlafen und Essen in dein Leben ein – also als etwas, was lebensnotwendig ist. Das ist nicht übertrieben. Wenn du die Kraft der Dankbarkeit einmal gespürt hast, wirst du darauf nicht mehr verzichten wollen.

Die Eckpunkte des Tages bieten sich für Dankbarkeitsübungen regelrecht an: Beginne jeden Tag damit, deinem Körper zu danken, dass er sich über Nacht erholt hat und dich auch heute wieder durch den Tag trägt. Sprich Worte des Dankes beim Essen, und beende jeden Tag mit einem Dank an die Quelle allen Seins, dass sie dir diesen an Erfahrungen reichen Tag geschenkt hat. Im Folgenden gebe ich dir ein paar Anregungen, die du leicht im

Alltag umsetzen kannst. Es geht nicht darum, sich viel Zeit dafür zu nehmen, sondern darum, Dankbarkeit wie das Zähneputzen unkompliziert als gute Gewohnheit in das Leben integrieren zu können.

Im normalen Leben wird einem
oft gar nicht bewusst,
dass der Mensch überhaupt
unendlich viel mehr empfängt,
als er gibt, und
dass Dankbarkeit das Leben
erst reich macht.

Dietrich Bonhoeffer

Dankbarkeit am Morgen

Was gibt es Schöneres, als mit einem guten Gefühl in den Tag zu starten? Dank deines Bewusstseins für die Kraft der Dankbarkeit wird dir dies ab jetzt jeden Tag gelingen. Alles, was du dafür brauchst, ist die Einsicht, die wunderbare Wirkung der Dankbarkeit in deinem Leben entfalten zu wollen.

>>> *Übung:* **Dankbarkeitsdusche**

Nutze die morgendliche Dusche für eine Dankbarkeitsübung. Seife dich nicht unachtsam ein, in Gedanken schon bei der To-do-Liste für den Tag. Nimm dir die paar Minuten ganz bewusst nur für dich und das Gefühl der Dankbarkeit dafür, am Leben zu sein. Seife dich mit allen Sinnen ein: Rieche den Duft, fühle die Berührung deiner Hände auf deinem Körper, spüre jede Körperstelle, und bedanke dich bei ihr: bei deinem Kopf, deinem Gesicht, deinem Hals, deinen Schultern, deinen Armen, deinem Rücken, deiner Brust, deinem Bauch, deinem Gesäß, deinem Geschlechtsorgan, deinen Beinen und deinen Füßen. Nimm mit allen Regionen deines Körpers liebevollen Kontakt auf, und sage laut oder in Gedanken: »Ich bin dankbar, dich zu haben. Für die Freuden, die du mir ermöglichst, und deine treuen Dienste. Ich bin dankbar, am Leben zu sein.« Genieße dieses Ritual am Morgen, und lasse mit dem Dankesgruß an deinen

Körper und dem Wasser alles, was dich innerlich beschwert haben mag, von dir ablaufen. Diese Übung kostet dich nicht einmal zusätzlich Zeit und ist enorm wirkungsvoll!

Die Übung kann weiter ausgebaut werden: Höre zum Beispiel nach dem Duschen beim Eincremen und Anziehen deine Lieblingsmusik, und sei dankbar für die Lebendigkeit, die du spürst. Überlege dir, worauf du dich an diesem Tag freust und wofür du jetzt schon dankbar bist – etwa ein Treffen mit einer Freundin, Nichtstun, die Projektfertigstellung, Zeit für dich oder mit deiner Familie. Du wirst feststellen: Es gibt so vieles, wofür du heute dankbar sein kannst. Und du wirst den Tag voller Vorfreude angehen können.

Das ist der Zauber dieses Morgenrituals: Wir erkennen, alles ist schon da. Alles war schon immer da, wir haben es nur nicht gesehen. So erlauben wir uns, unseren Blick zu öffnen für das Schöne, für die Fülle in unserem Leben. Es tut unendlich gut, zu merken, dass es nicht nur Sorgen, Krisen und Probleme gibt. Nein, wir können in Dankbarkeit schwelgen.

Dankbarkeit am Esstisch

In Zeiten von Fast Food und Fertiggerichten, in denen alles schnell gehen muss und wir achtlos Essen konsumieren, mag das Dankbarkeitsgebet vor dem Essen altmodisch daherkommen. Es ist aber alles andere als das. Gerade weil unser Essen kaum noch mit Liebe und Wertschätzung für die Zutaten hergestellt wird, von der Tierhaltung gar nicht zu reden, ist es umso wichtiger, dass wir das, was wir zu uns nehmen, aufwerten, indem wir ihm mit Achtsamkeit und Dankbarkeit begegnen. Es ist eine gute Übung, einmal bewusst alle Menschen und Dinge, die dazu beigetragen haben, dass das Essen jetzt auf dem Teller liegt, aufzuzählen und jedem einzelnen für seinen Beitrag zu danken. Die Kette ist sehr lang, nehmen wir als einfaches Beispiel nur mal einen Apfel: angefangen beim Boden und dem Baum, der Sonne, dem Regen und den Bienen über den Bauern und die Erntehelfer, den Verpacker und den Transporteur (nicht zu vergessen die Hersteller der Verpackung, des LKWs), den Einkäufer bis hin zum Kassierer im Supermarkt. Dadurch bekommen wir wieder ein Gefühl für die Wertigkeit unserer Nahrung. Das ist eine ideale Übung auch für Kinder und Jugendliche, die bisweilen nur noch den Supermarkt als Nahrungsquelle wahrnehmen. Gut möglich, dass dieser Gedankengang auch ein Heilmittel für die Wegwerfmentalität unserer Tage ist.

Dieser Dank ist auch ein Schutz für uns, denn all diese Menschen und Stoffe, die zur Produktion, Herstellung, Verarbeitung, zum Transport und zur Zubereitung notwendig waren, haben auch auf energetischer Ebene Einfluss auf das Essen genommen. Wie viele haben für ihre Arbeit wohl Dank erfahren? Wie viel Wertschätzung und Wohlgefühl ist dem Ganzen beigemischt? Oder sind es doch eher Schmerz, Ausbeutung, Stress, Unterdrückung? Wer will das schon alles beim Essen in sich aufnehmen? Daher ist das Beste, was wir – neben einer bewussten Kaufentscheidung als Dankeschön für all die, die sich um einen lebensbejahenden Umgang mit Menschen, Umwelt und Tieren bemühen – tun können, das Essen zu segnen. Das geht entweder mit einem Dankesgebet für das Essen oder, wenn es schnell und unauffällig geschehen soll, einfach mit den gesprochenen oder gedachten Worten: »Gesegnete Mahlzeit.« Zusätzlich kannst du die Hände zu einer Raute formen und über das Essen halten. Dadurch lässt du Lebensenergie ins Essen fließen, denn die Raute ist ein uraltes Zeichen, das einen Kanal für die Schöpfungskraft darstellt. Ein Essen, das wir im Geist der Dankbarkeit zu uns nehmen, ist bekömmlicher und leichter verdaulich. Probiere es aus!

·》》》 *Übung:* Dankbarkeitsgebet

Gebete, die vor dem Essen gesprochen werden, erzeugen einen Geist der Dankbarkeit. Natürlich geht es dabei nicht um den Wortlaut, sondern um die Intention und Ausrichtung der Gedanken beim Sprechen. Es ist ganz wunderbar, selbst Worte des Dankes zu finden, aber natürlich gibt es auch eine Vielzahl von bekannten Tischgebeten. Hier sei eines genannt: »Alle guten Gaben, alles, was wir haben, kommt, Mutter Erde, von dir, wir danken dir dafür. Gesegnete Mahlzeit!« Du kannst deine Dankbarkeit auch in die Zubereitung der Speisen einfließen lassen, indem du jede Zutat mit einem Gedanken der Dankbarkeit verarbeitest. Dann hast du ohne zusätzlichen Aufwand ein Dankbarkeitsmahl zubereitet, das dich und deine Lieben nicht nur physisch, sondern auch seelisch und spirituell nährt.

Die bewusste Haltung der Dankbarkeit kannst du über das Kochen hinaus ausdehnen. Ebenso kannst du auch das routinemäßige Putzen und andere Tätigkeiten im Haushalt zu einem Akt der Dankbarkeit machen. So verbreitest du Segen in deinem Haus, und die gesamte Atmosphäre wird sich spürbar lichten. Du kannst den Effekt noch erhöhen, wenn du z. B. beim Fegen eine CD mit Dankesliedern hörst und mitsingst. Grundsätzlich kommt es weniger auf die Worte an, die du sprichst, als auf deine Geisteshaltung. Es ist die Intention, in der du etwas machst: genervt und gestresst oder mit Dankbarkeit im Herzen darüber, dass du die Freude mehren wirst. So wird jede Reinigung zu einem spirituellen Akt, und die Haushaltsführung bekommt einen erhebenden Sinn.

Dankbarkeit am Abend

Auch das Abendritual ist ein Klassiker, den uns seit jeher unsere Mütter empfohlen haben: Bevor du zu Bett gehst, lasse den Tag noch einmal Revue passieren, und bedanke dich für das, was du an Erfahrung sammeln und schönen Momenten erleben durftest. Genau das versteht man unter einem positiven Tagesrückblick: sich vor dem Einschlafen Zeit nehmen, um sich zu fragen, was an diesem Tag alles Schönes passiert ist. Das beruhigt und hilft, den Tag in einer angenehmen Grundstimmung ausklingen zu lassen.

>>> *Übung*: **Dankbarkeitsrückblick**

Besonders kraftvoll wird das abendliche Ritual mit einer zusätzlichen Frage: »Was war mein Anteil daran, dass ich den Tag so positiv erleben konnte?« Diese Frage schärft dein Bewusstsein dafür, dass du es zu jeder Zeit selbst in der Hand hast, wie du eine Situation annimmst und bewertest. Sie erhöht also die Selbstwirksamkeit und befreit von dem Eindruck, Getriebener im eigenen Leben zu sein. Frei nach Karl Valentin: »Ich bin dankbar, wenn es regnet, denn wenn ich nicht dankbar bin, regnet es auch.«

Durch diese Übung fällt uns auf, dass auch ein äußeres Ereignis erst durch unser eigenes Zutun wirklich positiv erlebt werden konnte. Zum Beispiel ist ein sonniger Tag allein noch kein Grund zur Dankbarkeit, wohl aber die Tatsache, dass man sich Zeit genommen hat, die Sonne zu genießen – wenn wir auch nur kurz in der Mittagspause rausgegangen sind und die wohlige Wärme auf der Haut gespürt haben, statt im Gebäude zu bleiben. Den Abend mit diesem Frageritual zu beschließen, ist gerade für Menschen besonders geeignet, die vor lauter Gedanken im Kopf nicht einschlafen können. Eine Dankbarkeitsübung am Abend bändigt den Gedankenstrom und lässt uns ruhiger und entspannter werden. »Alles ist gut«, lautet die Botschaft dieses Rituals – und wir können friedlich einschlafen und Kraft tanken für weitere Tage, an denen wir Dankbarkeit empfinden können.

Das ganze Jahr dankbar

So reiht sich Tag für Tag aneinander, und das Jahr nimmt seinen Lauf. Wenn du das Gefühl hast, dass das Rad sich immer schneller dreht und ein Jahr wie im Flug vergeht, dann könnte das auch daran liegen, dass dir das Gefühl der Dankbarkeit im Jahresverlauf abhandengekommen ist. In der modernen Welt planen wir meist weit voraus, und ist ein Projekt beendet, kommt schon das nächste. Was uns fehlt, sind die Ruhephasen dazwischen, die aber notwendig sind, um das Erlebte zu verarbeiten und die Erfahrungen wirken zu lassen. Nach jedem Erreichen eines Ziels stellt sich normalerweise ein Gefühl der Dankbarkeit ein. Dieses erlaubt uns, die Essenz dessen, was sich für uns bewegt hat, zu erfassen. Das ist ein ganz wesentlicher Schritt für die Weiterentwicklung, um nicht auf dem beständig gleichen Niveau dasselbe zu reproduzieren, bis der Kollaps oder der Fehler im System zuschlägt. Dankbarkeit nicht als belächelten Soft Skill zu übergehen, sondern als Größe in den Jahresverlauf zu integrieren und als wesentlichen Faktor eines nachhaltig erfolgreichen Seins und erfüllten Lebens zu erfassen, ist die Pforte, um aus dem Teufelskreis des Immer-schneller-höher-weiter, der zur geistigen und seelischen Erschöpfung führt, auszusteigen.

Daher stellt es eine Notwendigkeit dar, etwas abzuschließen, bevor etwas Neues begonnen werden kann. Solch einen Abschluss können wir hervorragend in Form einer Dankbarkeitsfeier ausdrücken. Im beruflichen Kontext bedeutet dies, dass wir nicht schematisch am Jahresende oder bei einer Betriebsfeier den Menschen danken, sondern genau dann, wenn die Leistung vollbracht wurde. Die Zeit, die investiert wird, etwa in ein Projektabschlussfest, verbunden mit einem aufrichtigen Dank für den Erfolg, zahlt sich dreifach aus: Sie ermöglicht ein Ankommen und einen Austausch über Erfahrungen und Erlebnisse, die so verarbeitet werden und ins (persönliche und betriebliche) System integriert werden können. Das ist eine Voraussetzung für positive Entwicklung und ein Dazulernen. Zudem kommt Ruhe in den Arbeitsprozess. Dies ist ein wesentlicher Faktor, um die Kraftreserven aufzuladen und wieder durchstarten zu können – somit auch ein Schutz vor Burn-outs. Und die Mitarbeiter/-innen fühlen sich gesehen, wertgeschätzt und können den Dank viel leichter annehmen, da sie selbst noch stolz sind auf ihre Leistung. Wird jedoch zur Tagesordnung übergegangen und gleich das nächste Projekt auf den Tisch gelegt, dann wirkt dies extrem demotivierend, und es braucht von allen Seiten viel mehr Energie, um wieder Leistung zu bringen. Ein Dankeschön am Jahresende bringt dann auch nicht mehr viel. Es könnte sich sogar wie Hohn anfühlen. Wer also im Jahresverlauf Raum und Zeit für Dankbarkeit schafft, der hinterlegt seine Worte mit Taten, und das macht den Unterschied aus, denn die Leistung und der Einsatz erfahren einen Wert an sich und gewinnen an Bedeutung.

In Branchen, die im Jahresverlauf noch eng mit dem Kreislauf der Natur verbunden sind, wie etwa dem Weinbau, ist dies noch heute selbstverständlicher Brauch. Am Ende der Weinlese gibt es ein Fest, um den Dank an Ort und Stelle auszudrücken, und es wird immer auch eine Flasche Wein in die Erde gegossen, um ihr etwas zurückzugeben und die Dankbarkeit ihr gegenüber auszudrücken.

Dankbarkeit für Mutter Erde

Mutter Erde schenkt uns unendlich viel, und es ist einfach eine Freude, in der Natur zu sein, um zu relaxen und sich an der Schönheit und Vielfalt zu erfreuen. Es ist verlockend, von einem Spaziergang auf einer Wiese oder im Wald etwas mit nach Hause zu nehmen, etwa einen schönen Strauß Wildblumen. Gerade Kinder lieben es, Stöcke, Steine – ja, sogar Tiere – als Ausdruck der Verbundenheit einzustecken. Als Impuls möchte ich dir mit auf den Weg geben, auch etwas zurückzulassen als Ausgleich und Zeichen der Dankbarkeit. Bringe z. B. Steine, Obst oder ein gemaltes Bild mit, und übergib es gemeinsam mit einem Wort des Dankes an Mutter Erde. Sie freut sich über die Geste, und du wirst ebenfalls ein tiefes Gefühl der Dankbarkeit verspüren. Es durchströmt dich automatisch, wenn du mit ihr im Herzen verbunden bist.

Wenn es das Wetter erlaubt, dann nutze jede Gelegenheit, dich auch physisch mit Mutter Erde zu verbinden. Gehe barfuß hinaus, und spüre die Erde, das Gras, die Steine, den Sand auf deiner Haut. Fühle dich nicht nur als Teil der Natur, sei eine Frucht von Mutter Erde. Nimm wahr, wie du von ihr getragen und beschützt wirst.

⟫⟫⟫ *Übung:* **Dankbarkeit für das Dasein**

Lege dich mit dem Rücken flach auf den Boden. Lasse die Beine und Arme entspannt nach außen fallen. Bringe dich in eine Position, in der du dich wohlfühlst. Atme nun ganz bewusst in den Bauch und in den unteren Rücken. Spüre, wie du auf der Erde liegst. Fühle die Berührungspunkte mit dem Boden. Gib nun mit jedem Atemzug alle Schwere deines Körpers an Mutter Erde ab. Nach und nach ist kein Muskel mehr angespannt – wozu auch? Die Erde trägt dich. Du spürst, wie du leichter und leichter und innerlich freier und freier wirst. Alle Sorgen und alles Grübeln verstummen. Du bist eins mit ihr. Sprich nun laut oder leise: »Ich bin dankbar, ein Kind von Mutter Erde zu sein. Ich bin dankbar, von ihr getragen und versorgt zu werden in jedem Moment meines Seins.«

⟨⟨⟨·

Es spricht Bände, wie wir mit Mutter Erde umgehen. Sie ist zum Rohstoff geworden, der ungeachtet ihrer natürlichen Rhythmen geplündert wird. Was viele nicht bedenken: So, wie wir mit ihr umgehen, gehen wir auch mit uns selbst um. Dies zeigt sich auch daran, wie wir mit unserer eigenen Mutter umgehen. Dankbarkeit und Respekt bleiben häufig auf der Strecke. Die Ausbeutung der Natur und die Ausgrenzung von Müttern sowie die Geringschätzung von fürsorglichen Berufen und weiblichen Qualitäten gehen Hand in Hand. Doch fassen wir uns an die eigene Nase! Wie häufig haben wir kein Wort der Dankbarkeit für unsere Mutter und schauen kaum danach, wie es ihr wirklich geht und wie wir unsere Dankbarkeit in Worten und Gaben ausdrücken können? Wir alle wären nicht ohne sie und nichts ohne ihre Fürsorge. Sie versorgt uns und schenkt uns Fülle. Daher sei ihr gedankt – allen Müttern und im Besonderen der Großen Mutter allen Seins mit den Worten von »Rakuna und Anomatey«[1], zwei Frauen, die rund um den Erdball Gebete für das Leben von weisen Frauen, Groß-Müttern, gesammelt haben:

1   Rakuna und Anomatey, mutterland e. V. – www.kraft-der-kreise.de.

Große Mutter, wir danken dir,
dass wir im Kreis des Lebens
zusammenkommen können,
um die Wahrheit unserer Seelen
in Liebe miteinander zu teilen.

Wir bekräftigen
unser heiliges Verbunden-Sein
mit Mutter Erde,
die alles Leben hervorbringt und nährt.

Wir vertrauen uns dem Fluss des Lebens an.
Alle Wesen sind unauflöslich miteinander
im Netz des Lebens verbunden.

Wir danken dir, Große Mutter,
dass wir zusammenkommen können,
um unsere Kraft und unsere Liebe
miteinander zu vereinen
mit Mut und Hingabe zum Wohle allen Seins.

Geliebte Mutter, du bist die heilige Quelle,
die unser Leben erneuert.

Dankbarkeit im Zyklus des Lebens

Nicht ohne Grund wurde das Erntedankfest als ein zentrales Fest im Jahresverlauf nicht erst seit Einführung des Kirchenjahres, sondern schon immer von den Menschen gefeiert. Es gibt ein chinesisches Sprichwort, das heißt: »Wenn du Wasser trinkst, dann denke an die Quelle.« Und genau darum geht es beim Erntedank: sich vergegenwärtigen und es eben nicht als selbstverständlich hinnehmen, dass wir alle genug zu essen und zu trinken haben. Alles, was wir haben und sind auf körperlicher, geistiger und seelischer Ebene, verdanken wir Mutter Erde. Sie ist die Ressource, die uns mit allem versorgt. Seit Jahrmillionen bringt sie immer wieder aufs Neue Leben hervor. Es ist eine wirklich wunderbare Idee, sie nicht nur an Erntedank zu würdigen, sondern auch den Jahreskreis bewusst zu erleben. Jede Zeitqualität hat ihren Wert. Fällt auch nur eine aus, ist der gesamte Kreislauf zerstört. Gerade Menschen, die sich Entschleunigung wünschen, sei das bewusste Begehen des Jahreskreises ans Herz gelegt.

In einer hoch technisierten Welt, entwurzelt von der Natur, in der wir uns selbst als Erschaffer neuer Welten begreifen und uns scheinbar unabhängig von den Kreisläufen der Natur gemacht haben, mögen wir diese vergessen haben. Doch wenn es einmal keine Bienen mehr gibt, alle Gewässer verschmutzt und alle Wälder gerodet sind, dann spätestens wird uns der wahre Quell des Lebens wieder zu Bewusstsein kommen. Wir berauben uns momentan einer Lebensqualität, die wir uns mit keinem Geld der Welt kaufen können: da sein, präsent sein und sich mit den Kräften der Natur Jahr um Jahr bewusst entfalten, um an Jahren und Bewusstheit zu reifen.

⟫⟫ *Übung:* Dankbarkeit im Jahreskreis

Das Jahr wird entlang der vier Jahreszeiten in acht Zeitqualitäten eingeteilt. Jede dieser Spannen steht für eine Ressource, die in der Natur für Lebendigkeit sorgt und auch unser Sein lebendiger macht, uns geistig-seelische Gesundheit verschafft, wenn wir uns erlauben, unser Selbst in Zyklen und nicht entlang von Wachstumskurven zu entfalten. Gehen wir mit der Natur durchs Leben, dann erwächst uns die Fähigkeit zur Akzeptanz und somit eine Lebensweisheit, aus der heraus wir nicht das Leben nach unseren Vorstellungen formen wollen, sondern vielmehr das Leben uns formen lassen. Alles darf dann da sein und hat allein wegen seines Daseins einen Wert und ist ein Grund für Dankbarkeit. So können wir auch die wunderbaren Kräfte der Natur in uns erwecken und mit der Natur Jahr um Jahr unsere Seelenqualitäten entfalten. Persönliche Weiterentwicklung mit den Kräften der Natur verspricht wunderbare Erkenntnisse, da wir in unserer Bewusstseinsentfaltung von der kosmischen Ordnung geführt werden. ⟪⟪

Was wir in der Natur beobachten können:

Ab Februar wird alles heller und klarer. Die Kälte strahlt Frische aus. Alle Organismen beginnen, aktiver zu werden. Samen werden keimfähig. Die Kraft zur Erneuerung des inneren Feuers nimmt zu.

Worauf wir unsere Dankbarkeit richten können: unsere Klarheit, unsere Visionskraft, Träume, die uns beflügeln

Ab Ende März erwacht das Leben. Es wird wärmer, der Schnee schmilzt. Nach dem Winter ist die Zeit des Aufbruchs und der Aussaat. Erste Pflanzen durchbrechen die Erde, und die Kraft der Entfaltung nimmt Tag für Tag zu.

Worauf wir unsere Dankbarkeit richten können: unsere Gaben und Talente, alles, was in uns steckt, Freunde, Familie, Förderer, die unsere Entwicklung begleiten, unsere Ressourcen

Ab Mai erblüht alles. Es ist die Wonnezeit des Jahres. Alles ist wie im Rausch und drängt zur Vermehrung, und Grenzen wollen überschritten werden.

Worauf wir unsere Dankbarkeit richten können: unsere Schaffenskraft, unsere Schönheit und Lebensfreude, unsere Wildheit und Unangepasstheit, all die Hürden, die wir im Leben schon genommen haben

Ab Ende Juni wird alles von der prallen Sonne beschienen. Das Wachstum geht in die Breite. Früchte zeigen sich, und mit der Fülle tritt auch der Wendepunkt ein.

Worauf wir unsere Dankbarkeit richten können: unsere Leidenschaft, das, wofür wir brennen, die Fülle, die uns umgibt, alles, was wir in unserem Leben zum Reifen gebracht haben

Ab August zeigt sich, ob das Jahr erfolgreich war. Alles steht in Fülle und ist von Misserfolg bedroht. Ein beherzter Ernteschnitt ist gefragt.

Worauf wir unsere Dankbarkeit richten können: Krisen und Misserfolge, die wir gemeistert haben, beherzte Entscheidungen, die zu unserem Wohle waren, alles, was wir im Leben gelernt haben

Ab Ende September werden die Tage kürzer. Die Ausdehnung kommt zum Stillstand. Die Natur ist ein Farbenmeer, aber auch Schwächen treten jetzt hervor.

Worauf wir unsere Dankbarkeit richten können: unseren Reichtum an Erfahrung, den Ballast, den wir abwerfen können, Menschen und Erlebnisse, die unser Leben bereichert haben

Ab November ist alles im Rückzug. Die letzten Blätter fallen von den Bäumen, und die Lebenskräfte ziehen sich in den Stamm zurück.

Worauf wir unsere Dankbarkeit richten können: unsere Wurzeln und das, was uns durchs Leben trägt, die Essenz, das, worauf es wirklich ankommt und was uns einen Neuanfang ermöglicht, das Tun, das mit unserer inneren Haltung übereinstimmt

Ende Dezember ruht die Natur. Alles steht still und ist mit einer Schneedecke überzogen. Das, was an Lebendigkeit vor sich geht, ist unsichtbar. Im Inneren bereitet sich alles von der Außenwelt unbemerkt auf neues Leben vor.

Worauf wir unsere Dankbarkeit richten können: unsere Rückzugsräume, unsere Tiefgründigkeit, unsere Seelenkraft, die Ruhe und den Frieden in uns und unserem Leben

Voller Dankbarkeit durch das Jahr zu gehen, ist eine wundervolle Möglichkeit, nicht nur die Natur wieder bewusster zu erleben und somit mehr Sinn und Tiefe ins eigene Leben einzuladen, sondern auch eine Form, mit sich selbst in Kontakt zu kommen. Dazu empfehle ich dir, ein Dankbarkeitsbuch anzulegen. Teile es genau in die acht oben erwähnten Abschnitte für jedes Jahr ein. Dann kannst du alle Eindrücke aus der Natur aufschreiben oder auch etwas einkleben, was du gesammelt hast, und dir dazu die Frage stellen: »Wofür bin ich jetzt, zu dieser Jahreszeit und in diesem Moment, dankbar?« Lasse dich dabei von den angegebenen Impulsen leiten, und erfahre so die unterschiedlichen Zeiten der Natur als deine Seelenqualitäten. Wenn du das Buch Jahr um Jahr führst und alle sechs Wochen Einträge machst, wirst du erkennen können, welche Themen dich in der Tiefe deiner Seele bewegen, welche Entwicklung du genommen hast und welche Beobachtungen immer wiederkehren. Das Dankbarkeitsbuch vermittelt dir, wann immer du darin liest, das Gefühl, dass alles vollkommen in Ordnung ist, so, wie es ist. Denn du bist – und das ist, was zählt. Sei dankbar, dass es dich gibt!

Dankbarkeit ist ein seelisches Sicherheitsnetz, wenn wir uns in Situationen wiederfinden, in denen wir glauben, wir hätten nichts. Sie hat die Kraft, dein Leben zu verändern, wenn du dir erlaubst, den Blick darauf zu richten, was du hast. So wird aus einem armen Menschen ein innerlich reicher Mensch, der zufrieden und glücklich ist. Es ist der allgemeine Mangel an Dankbarkeit, der dazu führt, dass wir sagen: »Geld allein macht nicht glücklich.« Dankbarkeit ist das perfekte Heilmittel, wenn einmal wieder die ganze Welt gegen dich zu sein scheint. Denn egal, worüber du dich gerade aufregst, es ist nur ein winzig kleiner Teil dessen, was du in diesem Moment wahrnehmen kannst. Es liegt an dir, wohin du schaust. Kann es sein, dass du viel mehr in deinem Leben hast, was dich stärkt und trägt und fördert, als dir im Allgemeinen klar ist? Wenn uns das Leben geschenkt wurde, dann haben wir auch die Dankbarkeit als Geschenk erhalten, um uns das Dasein in all seiner Fülle und seinem Reichtum erschließen zu können. Ein Geschenk, das wir uns in jedem Moment selbst machen können – und zwar egal, wo wir gerade im Leben stehen.

Das ganze Leben dankbar

Sei ehrlich: Wie oft hast du dich schon in ein besseres Leben gewünscht und davon geträumt, ein anderer zu sein? Du siehst in Lifestyle-Magazinen berühmte und reiche Menschen oder Menschen in deiner Umgebung, die vermeintlich alles im Griff haben, die perfekt durch ihr Leben gehen, perfekt aussehen, perfekt wohnen, perfekte Partner und Kinder haben, perfekte Karrieren und Urlaube machen. Was macht das mit dir? Du fühlst dich schlecht, minderwertig und bist neidisch. Das kennen wohl die meisten von uns. Aber hast du dich schon einmal gefragt, warum das so ist? Du fühlst dich nicht schlecht, weil die anderen so viel besser sind, sondern, weil du für das, was du hast, nicht dankbar bist. Dankbarkeit ist auch hier die Lösung, denn sie ermöglicht dir, dir ein Leben zu erschaffen, in dem du das genießen kannst, was du bereits hast, und bestärkt dich gleichzeitig, deine Ziele zu verwirklichen. Sie schenkt dir Zufriedenheit und die nötige Gelassenheit, um dein Sein anzunehmen.

Dankbarkeit erlaubt uns, den Fokus auf das Positive im Leben zu richten. Wir werden uns bewusst, was wir schon alles haben. Es ist, als würdest du eine neue Brille aufsetzen, durch die du die Welt plötzlich anders siehst. Aber nicht die Welt hat sich geändert, nur dein Blick auf sie. Schaue dir einmal die Menschen, denen es besonders gut geht, genau an. Was machen sie anders?

Sie erzählen von sich und ihrem Leben positiv, davon, was sie alles glücklich macht und wofür sie dankbar sind. Es ist nicht so, dass sie keine Probleme hätten. Ihre Aufmerksamkeit liegt nur woanders. Solange du darauf gepolt bist, nur das Negative in deinem Leben zu sehen, wirst du auch das Schöne, die vielen Gründe dafür, dankbar zu sein, nicht erkennen können. Der schönste Tag, an dem du mit Freunden bei fantastischem Wetter und leckerem Essen zusammensitzt, wird dich nicht glücklich machen, wenn du grundsätzlich unzufrieden bist. Das ist der Fall, wenn du dich gedanklich vornehmlich damit befasst, dass du dir etwas anderes wünschst, es aber nicht hast. Das ist das Gegenteil vom Prinzip der Dankbarkeit.

Damit verstärkst du das Mangelgefühl. Und dieses ist die wahre Ursache für Ärger und drückende Gedanken. Stehst du zum Beispiel an einer Kasse an, und es gibt eine Verzögerung, wirst du dann ärgerlich? Du bist vielleicht der Überzeugung, dass dir jemand etwas wegnimmt, nämlich deine Zeit. Aber ist im Grund nicht alles deine Zeit? Jeder Augenblick gehört dir und hat die Chance, zum kostbaren Augenblick zu werden. Dazu muss gar nichts Besonderes im Außen passieren. Er ist es allein, weil er es schon immer war. Die Angewohnheit, Zeit in wertvolle und vergeudete Momente einzuteilen, offenbart ein Gefühl des Mangels und fußt letztlich auf der Angst, im Leben zu kurz zu kommen.

Viele Menschen haben dieses Mangelgefühl quasi mit der Mutter-milch aufgesogen. Es können pränatale Prägungen und negative Erfahrungen bei der Geburt entstehen, wenn die Verbindung von Mutter und Kind nicht bereits während der Schwangerschaft gefestigt wurde. Aufgrund von Unbewusstheit über die Zusam-menhänge und emotionalen Traumata der Mutter wächst der Embryo im leeren Raum auf statt in einem mit Wahrnehmung und geistig-seelischer Nahrung gefüllten. Diese ersten Prägungen stellen unsere Wahrnehmung ein und bestimmen, wie wir die Welt später erleben: als einen Ort voller Wunder und Chancen oder einen voller Verluste und Gefahren. Wenn du erkennst, dass du bisher in einer Welt des gefühlten Mangels gelebt hast, was Angst, Enttäuschung und Frust nach sich zog, dann ist Dankbarkeit dein Rettungsanker, an dem du dich selbst aus der Misere ziehen kannst. Dafür musst du dich noch nicht einmal anstrengen. Es reichen das Nein zum Mangelgefühl und das Ja zur Dankbarkeit, und du wirst Wege finden, dich neu zu besinnen und dich von Glaubenssätzen, die dir das Leben schwer gemacht haben, zu lösen. Das Tor zur Fülle des Lebens geht auf.

»»» *Übung*: Dankbarkeitsatmung

Wenn du in ein emotionales Loch fällst und dich negative Gedanken fest im Griff haben, erinnere dich bitte an die Dankbarkeit als Schlüssel zum Ausstieg aus dem Teufelskreis. Einfach so umzuschalten, ist natürlich schwierig. Du kannst aber den Weg über die Achtsamkeit zur Dankbarkeit nehmen. Du musst nur einmal innerlich bejaht haben, dass es deine freie Wahl ist, wohin du deinen Blick richtest. Denn die Voraussetzung ist, dass du die Verantwortung für deine Gedanken und Gefühle übernimmst. Du bist nicht deine Gedanken und Gefühle und Erfahrungen. Du bist viel mehr. Du hast in jedem Moment die Kraft, dich neu auszurichten. Nicht die anderen sind dir zu Dankbarkeit verpflichtet, und es ist nicht ihre Aufgabe, dich glücklich zu machen. Dein Glück ist allein dein Verdienst, wenn du bereit bist, im Hier und Jetzt dein Leben so zu gestalten, dass es dir Freude bereitet. Freude mehren in unserem und dem Leben der anderen ist unsere vornehmste Aufgabe – und Dankbarkeit befähigt uns dazu.

Wenn du dies für dich als richtig erkannt hast und aus ganzem Herzen bejahen kannst, dann gilt es jetzt, dich selbst von den negativen Gedanken, die dich kleinhalten und dir das Leben erschweren, zu befreien. Das geht in einer akuten Situation am effektivsten mit einer bewussten Atemführung aus dem Kundalini-Yoga.

Konzentriere deinen Geist auf deinen Atem. Lege deine Hände auf das Herzzentrum, atme durch die Nase ein, und fülle deinen Brust- und Bauchraum mit Luft. Spüre, wie du weit und durchlässig wirst. Komme aus dem Kopf in deinen Körper, öffne dein Herz für das Wunder deines Seins. Atme nun im folgenden Rhythmus: durch die Nase ein und durch den Mund vollständig aus, danach durch den Mund ein und durch die Nase aus. Lasse den Atem und mit ihm den Sauerstoff zirkulieren, und merke, wie deine innere Balance und Stärke mit jedem Atemzug präsenter wird. Danke deinem Atem, der dein Sein ermöglicht. Danke deinem bedingungslosen Sein. Ja, du hast die Kraft, dich in jedem Moment neu auszurichten. Beende die Übung mit einem »Danke«. Diese einfache Übung hilft dir, jede Art von Feindseligkeit – auch gegenüber dir selbst – loszulassen und den Frust in Mitgefühl zu verwandeln.

Wenn du die Wirkung noch verstärken und deinen Geist und dein Gemüt erhellen willst, dann führe die sogenannte Sonnenatmung durch, die schon in der alten Kultur der Maya praktiziert wurde.[2] Stelle dich dazu aufrecht hin, sodass du einen festen Stand hast. Verbinde dich auch geistig mit Mutter Erde. Lächle als Zeichen der Verbundenheit, und öffne deinen Mund dabei leicht. Lockere deinen Kiefer und deine Gesäßmuskeln. Lasse möglichst alle Spannung weichen. Atme dann bewusst ein und aus, und stelle dir vor, dass du mit jedem Einatmen Sonnenlicht in dich aufnimmst. Es breitet sich mit der Luft in deinem Körper aus, bis es dich vollständig erfüllt. Du bist nun zum Quell des Lichts geworden. Verströme dieses Licht gedanklich mit jedem Ausatmen. Du kannst dich dabei frei bewegen und dein Wesen dadurch zum Ausdruck bringen. Ja, du bist einzigartig, verbunden mit allem und göttlich. Dies wird dir nun bewusst, und augenblicklich stellt sich ein Gefühl der Verbundenheit und tiefen Dankbarkeit ein.

〈〈〈·

2 Vgl. Schröder, Martina: Webe die Zeit des Friedens – Der heilige Mayakalender als kosmisches Kraftfeld. Schirner, Darmstadt 2015.

Dankbarkeit zu empfinden, heißt nicht, alles gut zu finden und träge zu werden. Natürlich kannst und sollst du dir auch neue Ziele setzen oder nach Veränderung streben. Selbstehrlichkeit ist eine wesentliche Kompetenz in der Meisterung des eigenen Lebens. Das Leben ist Veränderung und sollte daher einen selbstverständlichen Teil unseres Seins darstellen. Es erfordert natürlich Mut und Kraft, dir einzugestehen, dass du mit deiner Arbeit, deiner Beziehung, der Art und Weise, wie du dein Leben führst, nicht glücklich bist. Die Frage ist, wie du mit der Transformationsenergie, die sich in solcher Unzufriedenheit zeigt, umgehst und in welche Bahnen du sie lenkst. Diese gewaltige Urkraft kehrt sich nämlich früher oder später gegen dich, wenn du sie leugnest und unterdrückst oder wenn du sie in einem Konstrukt negativer Gedanken vermeintlicher Machtlosigkeit einsperrst. Nach dem Gesetz der Resonanz ziehst du genau das an, was du denkst und – noch wichtiger – was du fühlst. Du erschaffst dir deine Realität also selbst. Mit Dankbarkeit öffnest du Tür und Tor für jene Veränderungen, die dein Leben wirklich bereichern. Unzufriedenheit als Vorwand für negatives Denken hingegen ist eine Mördergrube deiner Herzenswünsche. Nur du kannst mit den destruktiven Gedanken, die die entsprechenden Reaktionen in deinem Leben hervorrufen, auch aufhören.

Es wird dir dabei ganz entscheidend weiterhelfen, wenn du Dankbarkeit nicht nur als Gefühl, also eine emotionale Reaktion auf etwas, was dir gegeben wurde, verstehst. Dankbarkeit ist dann machtvoll, wenn du darin eine innere Haltung, also eine besondere, erhebende Sicht auf das Leben erkennst. Diese kannst du trainieren, indem du lernst, Dankbarkeit als Kraft in allem zu erkennen. Wie die Liebe zwischen Menschen nicht nur fließt, wenn diese frisch verliebt sind, sondern in jedem Moment, ob wir uns darüber bewusst sind oder nicht, das treibende Element im Leben darstellt, ist Dankbarkeit die immerwährende Kraft, die die Liebe in Bahnen der Verbundenheit lenkt. Jeder Mensch hat die Wahl, ob er sich für Liebe und Dankbarkeit als Weg durchs Leben öffnet oder davor verschließt. Bei den meisten Menschen ist dies keine willentliche Entscheidung, sondern vielmehr eine Frage, wo sie zufällig hinschauen. Das lässt sich ändern! Wer Dankbarkeit als Qualität in seinem Leben etablieren möchte, tut gut daran, den Blick auf die kleinen Dinge zu richten. Das, worauf wir schauen, wird mehr. Finden wir mehr Gründe, dankbar zu sein, mehren sich genau diese Gründe in unserem Leben. Das ist das Gesetz der Resonanz.

⫸⫸⫸ *Übung*: **Dankbarkeitsgründe**

Diese Dankbarkeitsübung arbeitet mit dem Gesetz der Resonanz. Sie ermöglicht, Dankbarkeit in deinem Leben einen Raum zu geben, von wo aus sie sich immer weiter ausbreiten kann. So findest du in die Dankbarkeit und verdeutlichst dir, wo du hinschauen kannst, wenn dich einmal wieder kritische Gedanken und ein Gefühl des Mangels herunterziehen. Richte deinen Blick dahin, wo es Grund gibt, dankbar zu sein, und die Dankbarkeit bringt dich zurück in ein an wundervollen Momenten reiches Leben. Sorge dafür, dass du für ca. 30 Minuten ungestört bist. Nimm dir ein Blatt Papier und einen Stift, und schreibe auf, wofür du dankbar bist. Mache die Übung unbedingt schriftlich, denn so dringt das Gefühl tiefer in deinen Geist ein. Formuliere bitte alle Punkte in folgender Form: »Ich bin dankbar dafür, dass …«, und begründe anschließend auch deine Dankbarkeit in der Form: »Ich bin dankbar, weil …« Schöpfe die vollen 30 Minuten aus, und gib nicht auf, auch wenn dir zwischenzeitlich keine Gründe mehr einfallen, dankbar zu sein. Bleibe fokussiert auf deine Dankbarkeit, und warte entspannt auf weitere Impulse.

Besonders tief greifend ist die Übung, wenn du auch Gründe aufschreibst, für die dankbar zu sein dir aktuell eher schwerfällt, z. B. die Hilfe der

Schwiegermutter bei der Kinderbetreuung. Wenn du noch einen Schritt weitergehen willst, schreibe auf, wofür du dankbar bist, was dir in deinem Leben nicht gefällt. Wenn du die Begründung dafür suchst, kannst du den Wert dahinter erkennen, und mit dem Blick der Dankbarkeit öffnet sich die Zaubertür zum Sinn des Negativen im Großen und Ganzen. Es tritt die Verbundenheit zutage, die wie kaum eine Erkenntnis die Kraft hat, dich augenblicklich aus der Schwere des Alltagsbewusstseins zu erheben.

‹‹‹·

Dankbarkeit bei der Geburt

Wie wertvoll Dankbarkeit für das Leben ist, zeigt sich auch bei der Geburt. Das Hormon Oxytocin, das für die Kontraktionen der Gebärmutter verantwortlich ist und in unserer Welt, die auf den Schmerz und das Negative fokussiert ist und weniger auf das Wunder und die Freude, gemeinhin als Quell der Schmerzen bei der Geburt gilt, ist aber vielmehr ein Liebesbote. Es ist das Bindungshormon, das auch bei der Zeugung und nach der Geburt beim Stillen – beim sogenannten Bonding – ausgeschüttet wird. Es hat eine schmerzstillende Wirkung, die noch angekurbelt werden kann, um eine leichtere und schmerzärmere Geburt zu ermöglichen, indem während der Geburt eine Atmosphäre von Vertrauen statt Kontrolle, Wertschätzung statt Vorgaben, Freude statt Angst, Liebe statt Druck und eben auch Dankbarkeit statt Last die Gebärende umgibt. Als Expertin für eine neue Geburtskultur[3] habe ich es oft erleben dürfen: Wenn es der Frau gelingt, während der Schwangerschaft aus dem negativen Gedankenkarussell auszusteigen, und sie ihre Weiblichkeit und die Gabe, Leben zu schenken, als Geschenk dankbar annehmen kann, wenn sie alles, was sich während der Geburt als lebendigem co-kreativem Prozess zwischen Mutter und Kind und der Urkraft zeigt, anzunehmen vermag – ja, dann kann die Geburt zu einer wundervollen, ekstatischen, spirituellen Erfahrung werden. Ein Potenzial, das jede Geburt in sich trägt und eine herausragende

3 Vgl. Rumpel, Kristina Marita: FlowBirthing – Geboren aus einer Welle der Freude. Mankau, Murnau 2015.

und einzigartige Lebenserfahrung, wie sie eben nur eine Frau mit jeder Faser ihres Seins erleben darf, eine Auszeichnung des Weiblichen durch die Natur – so stellt sich die Gebärfähigkeit mit dankbarem Blick dar. Dankbarkeit ist ein erhebendes Gefühl und lässt uns unser göttliches Sein erahnen. Bei einer Geburt im Gefühl der Dankbarkeit wird jede Frau zur Göttin und erlebt sich als Kanal der weiblichen Schöpfungskraft. Dankbarkeit verbindet sie mit der Quelle allen Seins, und von ihr getragen kann sich die Geburt leicht und sicher vollziehen.

Da die meisten aber kulturell negativ vorgeprägt sind, die Strapazen der Geburt als Strafe für die Erbsünde verstehen oder Horrorgeschichten und -bilder von Geburten kennen, fällt es vielen Frauen noch enorm schwer, das Geschenk der Geburtserfahrung in Dankbarkeit anzunehmen. Dabei liegt genau hierin der Schlüssel für wundervolle Geburten. Und der Geburtsprozess bildet die Essenz des Lebens ab. Was für eine Geburt gut ist, stellt auch die Parameter für ein schönes Leben dar. Ohne Dankbarkeit, die eine größtmögliche Offenheit bewirkt, und die Fähigkeit, mit dem Strom der Geburtswellen bzw. des Lebens zu fließen und alles, was kommt, vertrauensvoll anzunehmen, geht es nicht – weder bei der Geburt noch beim Meistern des Lebens. Auch im Leben eröffnet uns Dankbarkeit den Zugang zu unserer Göttlichkeit und lässt uns erkennen, dass wir die Schöpfer/-innen unseres Lebens sind.

>>> Übung: **Dankbarkeit für mehr Akzeptanz**

Der Blick auf die Geburt lehrt uns eines: Es gibt Dinge, die wir nicht verändern können. Diese gilt es annehmen zu lernen, ohne in einen Modus des Selbstvorwurfs zu geraten. Wir sind schnell im Bewerten, und unser Verstand sagt uns: »Du warst es. Du warst zu …« Das ist ein erlernter Umgang mit den Gegebenheiten in unserem Leben, weil wir glauben, alles selbst im Griff haben und managen oder uns beständig selbst optimieren zu müssen. Aber bringt das wirklich etwas? Ganz sicher nicht, schon gar nicht, wenn wir im Außen nicht die Macht haben, die Dinge zu verändern. Im Inneren geht das. Das Innenleben ist unser Universum und unser persönliches Hoheitsgebiet. Um aber aus dem Inneren heraus agieren zu können, müssen wir erst einmal hineinkommen. Sich selbst zu spüren und mit sich selbst in Kontakt zu sein, ist eine Form der Seelenkommunikation, die manch einer verlernt zu haben scheint. Beim Eintritt in unser Seelenreich steht uns häufig unser Verstand im Weg. Ich will jetzt nicht auf den gemeinen Verstand schimpfen, der uns von unserer Gelassenheit abhält. Nein, auch hier ist wie so oft das Gegenteil zielführend: Liebe deine Feinde, oder eben: Drücke Dankbarkeit für deinen strengen, bewertenden, kritisierenden Verstand aus.

Diese kleine Übung hilft dir, dich dem Diktat des Verstandes liebevoll zu entziehen nach dem Motto: »Was stört es die Eiche, wenn sich das Wildschwein an ihr reibt?« Es geht nicht darum, den Verstand zu bekämpfen oder auszuschalten, vielmehr darum, selbst wieder Herr oder Herrin im eigenen Haus zu sein. Und du bestimmst, welche Gedanken für dich förderlich sind und welche nicht. Also nimm dir kurz Zeit, und schließe die Augen. Gehe mit deinem Atem nach innen. Lausche den Gedanken, die dein Verstand unaufhörlich produziert. Was hörst du? »Das wird den anderen niemals gefallen«, »Du kannst das nicht« und sicherlich noch viele weitere richtig miese Gedanken, die dich abqualifizieren. Du lässt dich davon aber nicht beeinflussen. Du atmest und bist in deiner Mitte. Du hast jetzt die Größe, jeden dieser Gedanken zu wiederholen und dich dafür zu bedanken. Du sagst also: »Keiner mag mich. Danke, lieber Verstand, für diesen Satz.« Mit Dankbarkeit, die du dem Verstand entgegensetzt, entzauberst du seine destruktive Macht über dich. Einfach so. Probiere es aus! Je öfter du das machst, wenn die Runterziehmaschinerie läuft, desto freier wirst du von diesen Gedanken, denn dein Verstand registriert, dass du den Satz angehört und als nicht relevant eingestuft hast. Du musst nicht mehr dagegenhalten oder darauf eingehen und somit noch mehr Energie in die Negativität stecken. Du bist der unheilvollen Verstrickung entkommen kraft der Dankbarkeit.

Habe keine Angst, dass du deine innere Stimme mit dieser Übung ausbremsen könntest. Deine innere Stimme, jene

Kraft in dir, die dich führt und durch das Leben leitet, ist die Weisheit deiner Seele und immer für dich da. Sie spricht niemals in einem erniedrigenden Ton mit dir. Was du da hörst, ist der innere Kritiker, häufig ein Patriarch – da wir in einer patriarchalen Gesellschaft leben –, der alles, was deine Lebendigkeit, Freiheit, Wildheit, Selbstmächtigkeit, ja, die weiblichen Qualitäten in Frau und Mann befeuert, abqualifiziert.

Deine innere Stimme erkennst du an drei Punkten:

- Sie gereicht dir immer zur Freude.
- Sie schenkt dir immer Kraft und Mut.
- Sie fördert immer dein Ja zum Leben und zur Lebendigkeit.

Sie fordert dich also auf, das Leben wirklich zu leben, mit allen Sinnen zu erfahren und zu genießen, und ist somit ein Fürsprecher der Dankbarkeit. Wenn dein innerer Kritiker stark ist und dafür sorgt, dass du deine Gefühle nicht frei lebst, sondern sie vielmehr unterdrückst, verdrängst und dich von ihnen abgeschnitten hast, dann sei dir an dieser Stelle auch empfohlen, dich mit deinem Inneren Kind[4] zu befassen. Da Dankbarkeit auch ein Gefühl ist, erschwert es dir natürlich den Zugang zu ihr, wenn du grundsätzlich ein negatives oder ambivalentes Verhältnis zu deinen Gefühlen hast.

---

4 Gute Bücher und Kurse dazu bietet meine Kollegin Susanne Hühn an: www.susannehühn.de.

Dankbarkeit bei Misserfolgen und Krisen

Wenn wir alle in Dankbarkeit für das Geschenk des Lebens und in Wertschätzung des Weiblichen geboren worden wären, dann wären wir wohl auch besser gerüstet für die Herausforderungen des Lebens. Denn so, wie wir geboren werden, so leben wir auch. Die Erfahrungen während Schwangerschaft und Geburt prägen unsere Voreinstellungen, also die Brille, durch die wir die Welt wahrnehmen. Und da die meisten von uns in Angst, Ohnmachtsgefühlen und unter Druck in die Welt gepresst worden sind, fühlen sie sich dementsprechend ängstlich, ohnmächtig und haben den Eindruck, dass sich alles nur unter Druck und mit einem Höchstmaß an Anstrengung entwickeln kann. So treiben wir uns selbst an, statt uns treiben zu lassen im Flow des Lebens. Das hat zur Folge, dass wir alles sehr persönlich und ernst nehmen. Ein Misserfolg ist dann ein Makel, und Krisen bedeuten persönliches Versagen. Sie sind mit Schuld und Scham besetzt, was uns einen förderlichen Umgang damit so schwer macht. Aber stimmen diese Bewertungen überhaupt? Sind Krisen nicht immer auch Chancen, neue Wege einzuschlagen? Ich habe das selbst so erlebt und kann heute sagen, dass ich für die schwerste Krise in meinem Leben, als ich mit Anfang 30 an Krebs erkrankte, heute sehr dankbar bin. Die Situation hat mir die Augen geöffnet, mich zum Umdenken gebracht und mir den Mut geschenkt, meine innere Wahrheit auszusprechen und das zu leben, was ich wirklich bin.

Natürlich sieht man das nicht sofort im Moment der Krise und des Schmerzes so – das wäre übermenschlich. Es bringt auch nichts, sich eine Krise einfach schönzureden. Wenn etwas anders läuft als gedacht, dann ist das eben erst einmal ein Schock, und einen befällt ein Gefühl des Scheiterns, das einem den Boden unter den Füßen wegzieht. Dafür auf der Stelle dankbar zu sein, wäre viel verlangt. Worum es geht, ist, zu lernen, Verantwortung für das Geschehene zu übernehmen. Die Krise widerfährt mir nicht, sondern ist die Folge einer Handlung in der Vergangenheit. Das ist starker Tobak für manchen, ich weiß. Doch es ist das Nadelöhr, das in die Freiheit und Selbstmächtigkeit und damit aus der Krise führt. Was uns an diesem Punkt im Weg steht, ist das Konzept der Schuld, das es uns so schwer macht, den Lebensfaden wieder aufzunehmen und die Krise als Chance zu begreifen. Deshalb ist es an der Zeit, Schuld und Scham als veraltete Kategorien über Bord zu werfen![5] Sie verhindern einen Neustart und halten uns im Schmerz gefangen. Dankbarkeit hingegen ist der Schlüssel zum erfolgreichen Meistern einer Krise. Wie das gehen soll? Nun: Gelingt es dir, Verantwortung für dein Scheitern zu übernehmen, und erkennst du, was z. B. die Erkrankung dir sagen will, dann erlangst du eine Einsicht, die dir ohne den Tiefschlag verschlossen geblieben wäre. Die bewältigte

---

5 Darum wird es in meinem nächsten Buch gehen: Mit Mut und Kraft zur Quelle – Zeit, die weibliche Geschichte des Seins zu erzählen.

Krise bringt dir dann einen Mehrwert und ist unterm Strich ein Gewinn, und dafür lohnt es sich allemal, dankbar zu sein – auch in schweren Stunden. Oder, in den Worten des Dalai-Lama: »Wenn du verlierst, verliere nicht die Lektion.«

Lasse dem Gedanken zumindest einen Spielraum, dankbar in der Krise zu sein, um dann, wenn du zu einem späteren Zeitpunkt erkennst, dass du durch den Lerneffekt der Krise profitiert hast, das wundervolle Gefühl zu spüren. Leider können wir immer erst im Nachgang erkennen, was wozu gut war. Der Sinn erschließt sich uns nicht sofort, und das macht uns unsicher und ungehalten. Ich habe mir daher angewöhnt, für alles grundsätzlich erst einmal dankbar zu sein bzw. es so anzunehmen, wie es ist, um mich nicht unnötig aufzuregen und die Energie nicht im Außen zu verpulvern, sondern bei mir zu behalten. Zur Lösung einer Krise benötigt man nämlich genau das: Energie. Eine solche Herangehensweise braucht Vertrauen, das sich nach und nach mit der Lebenserfahrung einstellt. Aber eben nur, wenn du mit offenen Augen durchs Leben gehst, die tieferen Zusammenhänge erkennst und bereit bist, den Weg auch tatsächlich zu gehen. Diesen Schritt kann dir niemand abnehmen. Viele – so wie ich ja auch – benötigen erst einmal eine handfeste Krise, bis sie losgehen. Sei dir sicher: Wenn du diesen Schritt in eine neue Wirklichkeit voller Vertrauen ins Leben und Dankbarkeit für jede Erfahrung gehst, wird dein Mut mit so viel mehr, als du dir jetzt überhaupt vorstellen kannst, belohnt.

⫸ *Übung:* **Dankbarkeitsjournal**

Gerade in einer Krise kann Dankbarkeit als innere Haltung den feinen Unterschied machen, um möglichst schnell und gestärkt aus ihr hervorzugehen. Hast du Dankbarkeit als Ritual im Umgang mit dir selbst in deinem Leben eingeführt, ist sie dir dienstbar, wenn du sie am meisten brauchst. Dankbarkeit beschämt dich dann nicht oder fühlt sich wie Hohn an, sondern schenkt dir Kraft und führt dich zu mehr Ruhe und Gelassenheit.

Etwas ist dann ein Ritual, wenn es in unserem Leben einen festen Raum hat und uns Struktur und Halt gibt. Deswegen ist das Folgende weniger eine Übung als ein Bekenntnis zur Dankbarkeit, aus dem ein Tun folgt. Wenn du diesen Weg gehen willst, dann sei dir ein Dankbarkeitsmonat empfohlen. Führe dazu einen Monat lang jeden Tag ein Dankbarkeitsjournal. Schreibe jeden Tag ca. 5 Minuten lang hinein – ein Tag, eine Seite. Das Wichtigste vorab: Es wirkt nur, wenn du es wirklich einen Monat lang jeden Tag führst. Natürlich kannst du es beliebig lange weiterführen, es hat sich jedoch gezeigt, dass es nach einer gewissen Zeit zu einer Ermüdung führt. Daher mein Tipp: Führe das Dankbarkeitsjournal immer wieder einen Monat lang konsequent, und pausiere dann. Das sind 5 Minuten täglich mit der Macht, dein Leben in der Tiefe zu verändern.

Kaufe dir entweder ein fertiges Dankbarkeitsjournal, oder lade eine Dankbarkeitsapp, die es zahlreich im Internet gibt, herunter. Du kannst natürlich auch ganz oldschool ein Heft nehmen und »Dankbarkeitsjournal« vorne draufschreiben. Dann gestaltest du für jeden Tag eine Seite. Teile die Seite in drei Bereiche auf: morgens – tagsüber – abends. Schreibe dann jeden Morgen drei Dinge auf, die den neuen Tag zu einem Tag machen, für den du dankbar bist. Formuliere die drei Punkte dann in einen motivierenden Satz für dich um, der dich stärkt, dich sicher fühlen und zuversichtlich sein lässt. So erhältst du eine Affirmation, die dir hilft, deinen Tag entlang der Dankbarkeit zu erleben. Zum Beispiel wird aus dem Stichpunkt »gutes Gespräch führen« der Satz: »Ich bin umgeben von Menschen, mit denen ich gute Gespräche führen kann.« Wenn es dir gelingt, den Satz mit »Ich bin« zu beginnen, erhöhst du die Wirkung noch, da der Satz dich mit deinem höheren Selbst verbindet und dieses die Führung übernehmen kann. Sprich die drei Sätze während des Tages mehrmals, und beobachte dich und dein Erleben. Werde vom kritischen zum dankbaren Beobachter und Mitmenschen! Das bringt insbesondere, wenn es gerade nicht so gut läuft und stressig ist, sehr viel Qualität in dein Leben. Am Abend hältst du dann fest, wann, wo und wofür du tatsächlich Dankbarkeit empfunden hast. Notiere das bitte so genau und detailliert wie möglich – und vor allem ehrlich. Es geht nicht um Dinge, für die man normalerweise

dankbar wäre, sondern genau um das, wofür du wirklich dankbar warst. Das ist sehr erhellend, denn meist sind es die kleinen Gesten und Zwischenmomente, die unser Herz mit Dankbarkeit erfüllen.

An dieser Stelle möchte ich deinen Blick dafür schärfen, warum überhaupt ein Misserfolg, ein Problem oder eine Krise entsteht. Denn auch das hängt mit dem Thema Dankbarkeit zusammen. Fehlende Dankbarkeit schneidet uns von der Fülle des Lebens ab, und so erleben wir eine Durststrecke, die sich auf allen Ebenen unseres Seins – Körper, Geist, Seele, Emotion, Spirit – bemerkbar machen kann. Bis wir bereit sind, etwas zu unternehmen, sind wir meist schon ziemlich am Boden oder in die Enge getrieben. Das ist aber das nächste Problem: Wir wollen Veränderungen aus einem Mangel heraus bewirken. Wir fühlen uns nicht schön genug und wollen abnehmen. Wir haben nicht genug Geld und wollen mehr Kunden. Wir fühlen uns einsam und wollen einen Partner. Kurz: Wir sind alles andere als dankbar, und der Leidensdruck wächst. Es ist jedoch sehr wahrscheinlich, dass alle Anstrengungen, die wir aus dieser Haltung heraus unternehmen, nicht glücken. Denn Glück folgt der Dankbarkeit. Mehr leisten, mehr wollen, mehr arbeiten wird kaum den nötigen Umschwung bringen, weil wir uns an das gebunden haben, wofür wir nicht dankbar sind, was uns nicht zur Freude gereicht, was uns traurig macht. Umso schwerer wird es, sich daraus zu befreien. Nicht aber, wenn wir beginnen, uns nicht auf das zu konzentrieren, was uns fehlt, sondern auf das, was wir schon haben und was wir ausbauen wollen.

Zum Beispiel beim Abnehmen: Wir sollten unseren Körper nicht abwerten, hässlich finden und als Grund für Depressionen sehen, sondern ihn im Gegenteil lieben lernen und dankbar sein für all seine treuen Dienste, für seine Gesundheit. Und uns wünschen, noch gesünder und fitter zu werden. Dankbarkeit zu fühlen und ausdrücken zu lernen, ist der Weg aus der Krise. Wenn du dir überlegst, wie du deine Dankbarkeit deinem Körper gegenüber zeigen kannst, findest du in eine Ernährung und einen Lebensstil, die deinem Körper und dir einfach nur guttun. So kann sich das Gute mehren statt dessen, was uns stört. Und abzunehmen ist dann kein Problem mehr, vielmehr eine Bereicherung deines Lebens und sowohl Ursache als auch Grund für Dankbarkeit. So schließt sich der Kreis, und du bist der »Mangelfalle« entkommen.

Dankbarkeit in der Partnerschaft

Wie schnell passiert es, dass aus erster Verliebtheit Alltagstrott wird und aus der anfänglichen Bewunderung Achtlosigkeit oder gar Geringschätzung! Der Mensch, den man am meisten liebt und daher am häufigsten sieht, wird am gewöhnlichsten. Von da aus ist es ein kleiner Schritt, bis man nur noch wahrnimmt, was einen am anderen stört, und nicht mehr das sieht, was einst der Grund dafür war, dass man sich verliebt hat. Das muss gar nicht heißen, dass die Liebe kleiner geworden ist. Was jedoch abhandengekommen ist, ist der dankbare Blick auf den anderen. Dankbarkeit ist auch in der Partnerschaft der Hebel, mit dem wir in eine, sagen wir einmal, in die Jahre gekommene Beziehung neue Lebendigkeit und eine Kultur des Miteinanders fließen lassen. Der Trick ist ganz einfach: Erinnern wir uns an die sicherlich vielen Gründe, warum wir unserem Partner dankbar sein können! Beginnen wir, wieder danach zu suchen, finden wir sie auch. Das ist das Gesetz der Resonanz. Also richte einmal beherzt die Blickrichtung von dem weg, was dir in der Beziehung fehlt und dich unzufrieden macht, und auf die positiven Eigenschaften deines Partners. Es kann helfen, eine Liste mit diesen Merkmalen zu erstellen und sie schwarz auf weiß festzuhalten. Einmal Geschriebenes dringt stärker in unser Bewusstsein ein.

·>>> *Übung:* **Dankbarkeitsdialog**

Es ist wirklich ein wunderschönes Geschenk, das sich Partner gegenseitig machen können, wenn sie darin übereinkommen, Dankbarkeit in ihrer Beziehung zu kultivieren. Wie das geht? Jeder schreibt sich während des Tages drei Dinge auf, für die er dem anderen danken möchte bzw. wobei die Wertschätzung des anderen auf dessen eigene Art und Weise zum Ausdruck kam. Sie aufzuschreiben ist wichtig, sonst werden sie womöglich vergessen, doch in Zeiten des Smartphones sollte das kein Problem sein. Dabei muss es sich nicht um große Geschenke oder Gesten handeln. Die Magie liegt meist in den Zwischentönen, den leisen Momenten – die einem entgehen, wenn man sich nicht bewusst darauf ausrichtet. Am Abend vor dem Schlafengehen sagt dann jeder dem anderen, was ihn dankbar gemacht hat. Sprecht die Worte laut aus, z.B.: »Ich bin dir dankbar, dass du mir heute die Tür aufgehalten hast«, und schaut dem anderen dabei ins Gesicht. Dann nehmt ihr wiederum dessen Freude über das Gesehen-worden-Sein wahr. Solch ein Dankbarkeitsdialog kann ein richtiger Anheizer für die Liebesbeziehung sein. Auf jeden Fall fördert er das Gute, was schon da ist, zutage und schafft eine neue Verbundenheit miteinander. Euch wird vielleicht bewusster als je zuvor, was dem anderen wichtig ist. Und wenn du erst einmal weißt, wie du deinem Partner einen Gefallen tun kannst, dann machst du das gern noch öfter und gezielter. Das Wundervolle daran ist, dass wir es freiwillig tun und nicht, weil wir uns verändern sollen oder unser Verhalten kritisiert wurde.

Du musst auf die stärkende Wirkung der Dankbarkeit nicht verzichten, wenn du gerade in keiner Partnerschaft lebst. Das wäre auch wirklich traurig, denn Dankbarkeit ist der Schlüssel zu deinem persönlichen Glück. Hier folgt eine Übung, die du mit jedem Menschen machen kannst.

·》》》 Übung: Dankbarkeitsminuten

Diese Übung kannst du mit deinem Partner, aber auch mit einem Freund oder einem anderen dir lieben Menschen machen. Du brauchst dafür nur zehn Minuten. Aber die können lang sein, wenn es darum geht, euch gegenseitig zu sagen, wofür ihr dankbar seid. Die Übung hat es in sich, denn in der Verbindung mit deinem Gegenüber erhältst du Zugang zu deinem inneren Reichtum. Deine Einsichten in Worte zu fassen und laut vor jemandem auszusprechen, entwickelt eine richtige Power.

Setze dich bequem deinem Übungspartner gegenüber hin. Den Abstand und die übrigen Gegebenheiten bestimmt ihr gemeinsam so, dass ihr beide euch wohlfühlt: mit oder ohne

Berührung, die Augen offen oder geschlossen, wie ihr wollt. Achtet aber auf jeden Fall auf einen tiefen, fließenden Atem. Stellt einen Wecker auf 5 Minuten. Nun beginnt einer von euch und hat 5 Minuten lang Zeit, einfache Dankessätze zu sagen. »Ich bin dankbar für …« Achtet darauf, dass die Sätze im Rhythmus beim Ausatmen gesprochen werden. Und sagt wirklich nur einen Satz pro Atemzug. Der andere ist 5 Minuten lang nur Zuhörer, danach wird gewechselt. Die Übung braucht eventuell etwas Durchhaltevermögen, aber wenn nicht gleich beim Einatmen eine Idee kommt für den nächsten Satz, dann gebt nicht auf. Atmet ruhig und gelassen weiter, und hört in euch hinein. Die Leere kann quälend sein, sie ist aber wunderbar, denn sie ist die Vorstufe, bevor sich tiefere Bewusstseinsräume in dir öffnen. Auch 5 Minuten lang zu schweigen und aktiv zuzuhören, kann eine Herausforderung darstellen. Die Mühe lohnt sich allemal!

‹‹‹·

Selbstverständlich hast du auch jederzeit allein die Möglichkeit, zum Quell der Dankbarkeit für andere zu werden: Ein kleines Lächeln, ein offenes Ohr, ein liebevoller Blick des Verständnisses, eine kleine Hilfestellung im Alltag, offen und ehrlich das eigene Befinden zeigen und Freude teilen, all das und noch viel mehr kannst du jederzeit anderen schenken – unabhängig davon, ob ein »Danke« kommt oder nicht, wirst du dich wohl in deiner Haut fühlen und einfach nur dankbar sein, du zu sein: ein hilfreicher, herzlicher, offener, empathischer Mensch.

Wer nicht danken kann, kann auch nicht lieben.
Jeremias Gotthelf

·)>>> Übung: Dankbarkeitsquelle

Die moderne Technik macht es möglich: Richte doch eine Chat-Gruppe (z.B. mit WhatsApp) mit deinen Freunden und Freundinnen ein. In dieser Gruppe wird nur geschrieben, was euch gerade dankbar macht. Wir erzählen uns so viel, was uns aufregt, ärgert und frustriert. Dreht den Spieß einfach um, und lasst die Dankbarkeit aus euch sprudeln. Erlaubt eurem Herzen, überzufließen von der Schönheit des Lebens, die ihr immer wieder aufs Neue entdecken könnt. Es ist sehr inspirierend, zu hören, wofür die anderen dankbar sind. Lasst euch von der Welle der Dankbarkeit durch den Tag tragen, die immer wieder angestoßen wird von euren Dankbarkeits-Posts. Die Übung ist auch für Familien wunderbar. Heutzutage hat fast jeder ein Smartphone, doch im stressigen Familienalltag ist meist wenig Zeit für Worte der Wertschätzung und der Freude. Macht daher einmal die Woche aus, in der Familien-WhatsApp-Gruppe zu schreiben, wofür man gerade dankbar ist. Es muss sich nicht auf die Familienmitglieder beziehen, allein die Äußerung und Konzentration auf die Dankbarkeit als Teil des Lebens ist sehr heilsam. Natürlich geht das auch »live« beim Abendessen im Familienkreis. Erfahrungsgemäß ist es aber gerade für Jugendliche interessanter via Handy und eine wirklich sehr wegweisende Erfahrung für ihr Leben. Die Übung verbindet die Familienmitglieder miteinander und lenkt den Blick auf das, was wirklich zählt.[6]

---

6 Ich habe eine Dankbarkeitsgruppe via WhatsApp gegründet, zu der du dich gern über meine Homepage www.kristina-marita.com anmelden kannst.

Dankbarkeit angesichts des Todes

Was wirklich, wirklich, wirklich zählt im Leben, das merken wir spätestens in der Todesstunde, wenn sich die Bewusstseinsschleier lichten und wir unser Leben von einer höheren Warte betrachten können. Eines der fünf Dinge, die Sterbende nach Aussage von Palliativschwester Bronnie Ware am meisten bereuen, ist, sich zu Lebzeiten nicht für das Glücklichsein entschieden zu haben. Ja, anscheinend wird am Ende des Lebens offenbar, dass wir in jedem Moment die Wahl gehabt hätten, uns für das Leben, für die Freude und das Glücklichsein, für die Dankbarkeit statt für Verbitterung und Frust zu entscheiden. Im Leben fühlen wir uns oft gezwungen und als Opfer der Verhältnisse. Wird uns dieser Irrglaube am Ende des Lebens bewusst, kann das äußerst schmerzhaft sein. Denn es gibt tatsächlich nur eine Schuld im Leben: das Leben nicht zu leben in Freiheit und Eigenverantwortung.

Wir alle sind in Gefahr, diese schmerzliche Erfahrung zu machen, weil wir die Kunst, zu sterben, verlernt haben und damit die Wahrnehmung dieser Einsichten in die Essenz des Daseins, wie sie am Ende des Lebens zutage tritt. Zum einen, weil wir den Tod an den Rand gedrängt haben und kaum noch jemand einem natürlichen Sterbeprozess bewusst beiwohnt. Zum anderen, weil wir schlicht das Wissen um ein gnadenvolles Sterben verloren haben. Die Expertinnen für das Seelenheil, Seelenführerinnen, wie Hebammen einst genannt wurden, weil sie die Seele in die Welt herein- und auch wieder aus ihr hinausbegleitet haben, wurden entmachtet und verfolgt. Sie waren im Besitz des Wissens um eine leichte, schmerzarme Geburt und auch um einen friedvollen Sterbeprozess. Heute verschließen wir aus Angst, Unsicherheit, vielleicht auch Ekel die Augen vor dem Wunder, das stattfindet, wenn die Seele den Körper verlässt und einkehrt in die Ewigkeit. In diesem Moment erfüllt die Seele den ganzen Raum, und ein Gefühl tiefen Friedens, der Liebe und Dankbarkeit breitet sich aus. Am Ende ist alles gut und vollkommen, weil es schon immer gut und vollkommen war. Nur konnten wir es nicht immer sehen, weil wir die Augen und unser Herz verschlossen hatten für das Unsichtbare. Dankbarkeit ist die Brücke, die Geburt und Tod miteinander zu unserem Dasein verbindet.

Wer von Dankbarkeit für sein Leben, für alle guten und schlechten Erfahrungen, erfüllt ist, dem fällt der letzte Gang deutlich leichter. Angesichts des Todes kommt alles ans Licht, es zeigt sich uns unser gesamtes Dasein. Wenn wir uns nicht über das Leben aufschwingen und richten, dann können wir es annehmen und finden in die Kraft der heilsamen Loslösung und Transformation. Angesichts des Todes sehen wir die enge Verbindung von Dankbarkeit, Akzeptanz und Demut. Es ist, wie es ist, und so ist es vollkommen, allein deshalb, weil es in diesem Moment so ist.

Diese Einsicht fällt natürlich schwer, wenn es darum geht, einen lieben Menschen gehen lassen zu müssen, und vor allem, wenn er unvermittelt aus dem Leben gerissen wurde oder in jungen Jahren sterben musste. Die irdische Zeit ist, gemessen an der Ewigkeit, ein Tropfen im Ozean des Seins. Unser Verstand gibt den Jahren Bedeutung und stülpt Erwartungen über ein Leben. Doch wer kann schon ermessen, welchen Plan die Seele hier auf Erden tatsächlich erfüllt hat mit ihrem Tod? Ich spreche aus der Erfahrung mit Frauen mit Kinderwunsch, wobei sich immer wieder zeigt, dass die Kinderseelen einen besonderen Auftrag haben, wenn sie lange auf sich warten lassen oder auch das Leben ungeboren wieder verlassen. Für die Seelen gibt es keine Trennung zwischen Leben und Ewigkeit – alles ist eins und der Tod nur die Mitte des ewigen Seins. Was schmerzt, ist nicht der Tod, es ist die Trennung für die, die zurückbleiben und loslassen müssen, was sie gern gehalten hätten – auch die Vorstellung davon, wie sie gern gelebt hätten.

Es wird auf jeden Fall für alle leichter, wenn die Angehörigen Zugang zur Kraft der Dankbarkeit – gerade in den schweren Zeiten – finden. Dazu wiederum hilft es, wenn Dankbarkeit als Haltung schon vorher bekannt war und gelebt wurde. Die Akzeptanz dessen, was passiert, hilft dem Sterbenden, loszulassen, und fördert bei den Hinterbliebenen einen heilsamen Trauerprozess. Natürlich ist der Verlust erst einmal ein Schock. Ein Loch ist gerissen worden, das nicht gefüllt werden kann, und das Leben muss neu sortiert werden. Das Erleben der Trauerphase ist unverzichtbar und die Dauer bei jedem Menschen individuell. Am Ende, wenn der Prozess durchlaufen ist, steht idealerweise ein Gefühl der Dankbarkeit dafür, die Zeit mit dem verstorbenen Menschen verbracht haben zu dürfen und die Erinnerungen im Herzen lebendig zu halten. Dankbarkeit erlaubt, zu verzeihen, inneren Frieden zu finden und einen Neuanfang zu machen.

Wir können daraus viel für unser Leben ziehen: Beginnen wir, jede Begegnung und jedes Miteinander bewusst zu erleben und als Geschenk zu begreifen! Seien wir dankbar für jedes Gespräch, jeden Kontakt, jede Berührung, jedes Lächeln und auch jede Auseinandersetzung, die uns angespornt hat, über unsere Grenzen hinauszuwachsen! Beginnen wir heute damit, den Menschen, die wir lieben, aber auch den Menschen, mit denen wir beruflich zu tun haben oder die eine Dienstleistung für uns erbringen, unseren Dank auszudrücken – in Worten und Taten!

>>> Übung: Dankesbrief

Wort und Tat sichtbar miteinander zu verbinden, gelingt mit einem Dankesbrief. Darum nutze jetzt gleich den Impuls, den Menschen, die dir am Herzen liegen, solch einen Brief zu schreiben. Er bereitet dem Empfänger eine wirklich große Freude. Wer ist nicht berührt von ehrlicher Anerkennung? Einen Dankesbrief zu schreiben, ist nicht schwer.

Beherzige einfach diese Struktur:

- Eine liebevolle Anrede, vielleicht ein Kosename, ein Zeichen der innigen Verbundenheit
- Mit einem Kompliment, Lob, Ausdruck der Bewunderung und Wertschätzung starten
- Den Grund für den Dankesbrief – einfach so, weil es dringend an der Zeit ist, oder eine Begebenheit, für die es sich zu bedanken gilt
- Zeichen der Anerkennung für das, was der Empfänger getan hat oder wofür er steht
- Zum Abschluss das Dankeschön noch einmal wiederholen

Und ganz wichtig: Immer ehrlich, authentisch und nicht zu übertrieben formulieren. Lies dir den Brief am besten einmal laut vor, dann kannst du aufgesetzte Stellen erkennen. Schreibe so, wie du auch sprechen würdest, und mit der Hand auf eine schöne Karte oder auf Briefpapier. Allein diese Bemühung bringt deinen Dank wunderbar zum Ausdruck. Viel Freude beim Schreiben! Mache es dir zu einer guten Gewohnheit, dich für Geschenke mit einem kleinen Schreiben zu bedanken. Du wirst sehen, die Mühen lohnen sich!

Ich bin dankbar, nicht weil es vorteilhaft ist, sondern weil es Freude macht.

Seneca

Dankbarkeit im Moment

Was ist das Leben anderes als eine Kette von Momenten, die wir wie Perlen auffädeln auf der Schnur unseres Daseins? Es ist unsere Entscheidung, wie oft wir Momente der Dankbarkeit einbinden und unseren Geist dafür öffnen, sie auch zuzulassen. Bezeichnenderweise ist die Verbindung von geistiger Ausrichtung und Dankbarkeit schon im Wort selbst grundgelegt, was ein Blick auf die Herleitung des Wortes »Danke« zeigt: »Danke« geht auf den selben Wortstamm wie »denken« zurück. Wer Dank äußert, drückt sich in denkender Gesinnung aus. »Dank« bedeutet ursprünglich »jemanden in seinen Gedanken halten«. Noch in der althochdeutschen Bedeutung stand das Wort »Dank« für »Gedanke, Wille, Absicht« und hat sich später weiterentwickelt, sodass es heute gewöhnlich für eine Gesinnung der Erkenntlichkeit steht. Gewähren wir also dem Geist der Dankbarkeit Einzug in unser Leben!

›》》 Übung: Dankbarkeit als Erfahrung der Wirklichkeit

Weißt du, wie oft am Tag du im Durchschnitt dankbar bist? Nein? Dann finde es heraus. Es gibt dazu eine ganz einfache Übung: Stecke dir ein Netz mit Murmeln in die Tasche z.B. deines Mantels. Jedes Mal, wenn du ein Gefühl der Dankbarkeit verspürst, nimmst du eine Murmel aus der linken Tasche und legst sie in die rechte. Am Abend kannst du dann die Murmeln zählen und dich mit jeder Murmel noch einmal an das Gefühl der Dankbarkeit erinnern. Wenn du keine oder kaum Murmeln in der rechten Tasche hast, dann sieh das als Ansporn, weiter an der Dankbarkeit als Haltung zu arbeiten. Deinem Leben mangelt es gewiss nicht an Momenten, für die du dankbar sein kannst, jedoch an der Aufmerksamkeit dafür. Wenn du dir 20 Minuten am Tag Zeit nimmst für die Dankbarkeitsübungen in diesem Buch – suche dir diejenigen aus, die dir zusagen und die du leicht in deinen Alltag integrieren kannst –, dann wird sich die rechte Manteltasche bald mit Murmeln füllen. Du hast so eine wunderbare Möglichkeit, die Wirksamkeit der Dankbarkeitsübungen zu überprüfen. Und lasse dir diesen Satz aus dem Yoga sagen: »20 Minuten Praxis am Tag sind ausreichend. Außer, du hast keine 20 Minuten Zeit, dann brauchst du eine Stunde Praxis.«

Dankbarkeit ist also eine Bewusstseinsübung. Eine Ausrichtung unseres Geistes auf das Leben als ein Fest in der Annahme, dass Freude unser Geburtsrecht ist, wie es Yogi Bhajan, Meister des Kundalini-Yoga, einmal formulierte. So gesehen sind Leid, schlechte Laune und Niedergeschlagenheit nichts anderes als Gedankenwellen. Nichts gegen Gefühlsregungen als Ausdruck lebendigen Seins, aber wir brauchen keine Gefühlsdramen, die vom Ego provoziert sind, um sich oder anderen etwas vorzuspielen oder sie zu manipulieren.

In den meisten Fällen liegt die Entscheidung, in welche Richtung das Gefühlspendel ausschlägt, bei uns selbst. Du hast die Macht, dich auf eine dankbare Haltung dir, deinen Mitmenschen und dem Leben gegenüber zu besinnen und so selbst diese Veränderung des Erlebens einzuleiten. Warum nur fällt das vielen so schwer? Weil wir in einer Kultur des Leidens aufgewachsen sind und zu jammern und zu erzählen, wie schwer alles ist, zum guten Ton gehört. Jemand, dem die Arbeit leicht von der Hand geht, eine Frau, die ihr Kind in Ekstase auf die Welt bringt, jemand, der die Mehrung von Freude als Ziel im Leben hat, der wird meist komisch beäugt. Wenn du also den Weg der Dankbarkeit in ein erfülltes Leben gehen willst, dann sage jetzt Ade zum Leiden. Du gewinnst unendlich viel dazu! Denn Freude, Zufriedenheit und Glück werden genährt von Dankbarkeit. Wenn du dies einmal wirklich verstanden und in dein System aufgenommen hast, dann fängt es unwillkürlich an, zu wirken. Du wirst neu ausgerichtet auf dein In-Ordnung-Sein, und es wird dir unmöglich, weiter im alten Trott und Selbstmitleid zu leben. Du hast die Bremsen gelöst und den Hebel Richtung emotionaler und geistiger Freiheit und Lebendigkeit gelegt. Nun heißt es, dich in jedem Moment in Dankbarkeit üben. Das ist nicht irgendein Tool zur Selbstmanipulation. Es ist nichts weniger als dein aufrichtiges Bemühen, der Vollkommenheit des Lebens in Hochachtung zu begegnen.

>>> Übung: **Dankbarkeit zur Weiterentwicklung**

»Es gibt nur zwei Tage, an denen du nichts tun kannst: gestern und morgen. An den anderen Tagen übe dich in deiner Selbstvervollkommnung.« Das ist ein Hinweis, den uns der Dalai-Lama mit auf den Weg gibt. Sich in Dankbarkeit zu üben, ist der edelste Weg, in den Wogen des Lebens zu sich und einem erfüllten, sinnhaften Leben zu finden. Die folgende Visualisierungsübung hilft dir, das Gewesene und deine Ängste vor dem Kommenden loszulassen. Im Hier und Jetzt zu sein, ist eine wichtige Voraussetzung, um für die Momente der Freude und des Dankes sensibel zu werden. Bei der Übung kommt es darauf an, dass du dir die Situationen so sinnlich wie möglich vorstellst, mit Farben, Gerüchen und (Körper-)Gefühlen.

Setze dich bequem hin, und schließe die Augen. Atme entspannt ein und aus. Konzentriere dich auf deinen langen, ruhigen Atem. Stelle dir jetzt einen besonders schönen Moment deines Tages vor. Lasse die Bilder aufziehen, und stelle sie dir mit all deinen Sinnen vor. Wie hast du dich gefühlt? Erinnere dich, wie zufrieden du warst. Bedanke dich für diese Erfahrung, die das Leben für dich bereitgehalten hat. Atme weiter entspannt ein und aus, und fokussiere dich wieder auf deinen Atem. Stelle dir jetzt eine Situation des heutigen Tages vor, die nicht so erfreulich für dich gelaufen ist. Wieder ziehen die Bilder auf, und du achtest jetzt besonders darauf, weiterhin langsam und tief zu atmen. Sei entspannt. Schaue dir die Situation noch einmal in Ruhe an. Es ist vollkommen egal, wer die Situation verursacht hat und was im Detail vorgefallen ist. Es geht um dein Gefühl in der Situation und darum, zu erkennen, welche Weichen du hättest anders stellen können in deinem inneren Erleben. Was kannst du aus der Situation für dich lernen? Erkenne, dass du jederzeit alle Möglichkeiten hast, dich anders zu verhalten und die Situation in ihrer Schmerzhaftigkeit aufzulösen. Du bist mächtig. Bedanke dich für diese Lektion und Einsicht. Komme jetzt wieder im Hier und Jetzt an. Öffne die Augen, und schaue dich um. Nimm deine Umgebung mit allen Sinnen war. Strecke und recke dich, und stehe mit einem Lächeln im Gesicht auf.

《《《·

Dankbarkeit als Magnet

Dankbarkeit ist nicht nur eine innere Haltung, die uns durch Krisen führt und uns hilft, auf die schönen Dinge des Lebens zu schauen. Dankbarkeit ist tatsächlich ein Magnet, der die schönen Dinge in unser Leben zieht. In einer Haltung der Dankbarkeit gegenüber dem Leben öffnet sich unser Herz, wir werden gütiger und gelassener. So sind wir in der Lage, uns mit dem natürlichen Zustand der Fülle und des Friedens zu verbinden. Und diese Harmonie strahlen wir dann auch aus. Dankbarkeit ist sogar elektromagnetisch messbar: Bis zu drei Meter breitet sich das Dankbarkeitsfeld um uns herum aus. Es handelt sich um das Herzmagnetfeld, das ausstrahlt und bis zu 6000 Mal stärker ist als das elektrische Feld des Gehirns. Das hat auch einen positiven Effekt auf die Menschen in deiner Nähe. Die ruhige Schwingung um dich herum macht sie ebenso entspannter und wirkt beruhigend auf ihre Gehirnwellen. Das hat zur Folge, dass sich die Menschen in deinem Umfeld wohlfühlen und deine Nähe suchen. Gerade auf Babys und kleine Kinder kann so in sanfter und liebevoller Weise Einfluss genommen werden. Sie lassen sich leichter beruhigen und schlafen schneller ein, wenn die Mutter ihnen im Bewusstsein der Dankbarkeit gegenübertritt.

Kurz: Dankbarkeit erleichtert vieles im Leben. Durch deine ausgeglichene Haltung bist du in der Lage, viel entspannter auf die Anforderungen des Alltags zu reagieren, und kannst auch andere besser bei Problemen unterstützen. Das zieht natürlich Menschen an, die dir wohlgesonnen sind und sich gern in deinem Kreis aufhalten. Dankbarkeit macht dich sympathisch und aktiver. Und solchen Menschen helfen wiederum andere gern weiter, weshalb dich Dankbarkeit in den Genuss eines sozialen Umfeldes bringt, das auch für dich da ist, wenn du Hilfe brauchst. Geben und Nehmen sind durch das Band der Dankbarkeit in Balance.

·))) Übung: **Dankbarkeitsfeld**

Wenn du das Dankbarkeitsfeld um dich herum aufbauen willst, dann fülle deine energetische Hülle ganz bewusst mit Dankbarkeit. Dies ist möglich, wenn du den »Dankbarkeitshahn« am Morgen so weit wie möglich aufdrehst. Nimm ein richtiges Bad in Dankbarkeit. Lasse nur dankbare Gedanken zu. Nach dem Aufwachen bleibst du noch kurz im Bett liegen und atmest ein paarmal tief ein und aus. Mache dir bewusst, dass dir heute wieder ein Tag geschenkt wurde. Freue dich auf den Tag, und sage dir: »Ich bin dankbar, dass es jeden Tag besser, schöner, erfüllender in meinem Leben ist.« Stehe dann auf, und lasse – bis zur Dankbarkeitsdusche oder bis du aus dem Haus gehst – weiterhin nur dankbare Gedanken zu. Sage dir bei jedem Schritt z.B.: »Ich bin dankbar für mein Frühstück«, »Ich bin dankbar für meine Kleidung«, »Ich bin dankbar für mein Kind«, »Ich bin dankbar für mein Auto.«

(((·

Dankbarkeit als Prophylaxe

Dankbarkeitstraining ist wirklich das Beste, was du für dich, dein Erleben und auch deine Gesundheit tun kannst. Du lernst dadurch, dein Leben zuversichtlicher zu sehen, und bist dadurch deutlich weniger in Gefahr, an Depression, Burn-out etc. zu erkranken. Wenn du so willst, ist Dankbarkeit ein die Gesundheit förderndes Gefühl und daher eine ideale Prophylaxe. Aber nicht nur präventiv, auch wenn der Körper bereits geschwächt ist, kann sich die Dankbarkeit positiv auswirken, denn sie verursacht eine vermehrte Ausschüttung günstiger Hormone wie Endorphine, die den Selbstheilungsprozess anfeuern. Da Dankbarkeit auf Herzebene wirkt, ist sie gerade bei Herzpatienten eine sehr empfehlenswerte mentale Begleittherapie. Auf jeden Fall kann sie nicht schaden und kostet nichts. Dankbarkeit stärkt das Immunsystem, und die Atemqualität wird besser. Laut einer Studie mit 1000 Nonnen, die über einen langen Zeitraum täglich ihr Dankbarkeitsbuch geführt haben, steigt sogar die Lebensdauer signifikant an.

·))) *Übung:* **Dankbarkeit in den Körper einschwingen**

Um all die wunderbaren Vorteile von Dankbarkeit aus-schöpfen zu können, gilt es, Dankbarkeit nicht nur zu denken und zu fühlen, sondern auch körperlich spürbar zu machen. Hierfür gibt es eine wunderbare Übung, die die Dankbarkeit mit der körperlichen Ebene verbindet. Lege dich entspannt und bequem hin. Sorge dafür, dass du in den nächsten 20 Minuten nicht gestört wirst. Decke dich, wenn du möchtest, zu. Konzentriere dich jetzt auf deinen Atem. Lege deine linke Hand auf dein Herz, und fühle, wie dein Atem das Herzzentrum erreicht. Nimm das Schlagen deines Herzens wahr. Konzentriere dich auf das Pulsieren. Sobald du deinen Herzschlag gut wahrnehmen kannst, richtest du deine Aufmerksamkeit auf ein Erlebnis in deinem Leben, das du sehr genossen hast und das ein Wohlgefühl bei dir ausgelöst hat. Erinnere dich daran, und lasse Dankbarkeit in deinen Körper fließen. Spüre das Gefühl, während du nun deinem Herzschlag wieder ganz bewusst zuhörst. Sobald du den Rhythmus wieder aufgenommen hast, sprich in diesem Takt mit dem Gefühl der Dankbarkeit: »Danke. Danke. Danke. Danke.« Mache das, bis du das Gefühl hast, das sich dein Kopf, dein Herz und dein Körper synchronisiert haben und auf derselben Welle, der Welle der Dankbarkeit, schwingen.

Dankbarkeit zu kommunizieren, stärkt die Verbundenheit unter Menschen und fördert das positive Erleben. Es ist auch ein Weg, die Selbstheilungskräfte anzuregen bzw. durch Achtsamkeit und Dankbarkeit für unseren Körper Krankheiten erst gar nicht entstehen zu lassen. Unser Körper ist ein Organismus, der auch mit Bewusstheit ausgestattet ist. In diesem Wunderwerk arbeiten rund 7 Milliarden Zellen zusammen, die alle miteinander kommunizieren und sich Signale und Botschaften schicken. Dies können wir nutzen und bewusst Botschaften der Dankbarkeit in Umlauf bringen. Wenn sich Krankheiten noch nicht verfestigt haben, aber ein Körpergefühl schon erste Signale sendet, dann neigen wir dazu, diese zu überhören. Nach dem Motto: »Wenn ich nicht hinschaue, dann gibt es auch kein Problem.« Das Gegenteil ist der Fall. Der Körper will uns ja auf ein Ungleichgewicht aufmerksam machen und mit uns in Kontakt treten über diese ersten Anzeichen von Beschwerden oder Unwohlsein. Ignorieren wir die Botschaften, muss der Körper deutlicher und lauter werden, und das Verhängnis nimmt seinen Lauf. Wir bekommen Angst, fühlen uns schuldig, sind enttäuscht, und die Negativspirale dreht sich weiter in Richtung Verfestigung der Erkrankung. Wenn wir uns früh genug die Zeit nehmen, in den Körper einzutauchen und mit den einzelnen Regionen und Organen zu kommunizieren, kann sich so manches auflösen, bevor es eine handfeste körperliche Krise wird, allein aufgrund der Achtsamkeit und Dankbarkeit, die wir unserem Körpersystem geschenkt haben. Der Körper agiert immer für uns. Daher ist es so wichtig, gerade bei schweren Erkrankungen nicht gegen etwas zu kämpfen, sondern für den Körper da zu sein und Mitgefühl zu empfinden, dass er in diese Lage gekommen ist, ihm mit Dankbarkeit und Achtung zu begegnen.

In jede hohe Freude mischt sich eine Empfindung der Dankbarkeit.

Marie von Eber-Eschenbach

>>> Übung: **Dankbarkeitskommunikation mit dem Körper**

Was sich vielleicht auf den ersten Blick etwas merkwürdig anhört, ist so unglaublich mächtig, dass wir es tatsächlich kaum glauben können, wenn wir es nicht selbst erlebt haben: die bewusste Kommunikation mit dem eigenen Körper. Unser Körper ist ein Wunderwerk, das im Grunde ohne unser Zutun funktioniert. Kommt jedoch etwas ins Ungleichgewicht, braucht es Führung, um die Balance wiederherzustellen. Diese Führung geben wir unserem Körper mit Bewusstheit und gewaltfreier, achtsamer Kommunikation.

Es ist ein wunderbares Ritual, sich am Abend die Zeit zu nehmen und einmal hinzuhören, was der Körper zu sagen hat. Setze oder lege dich dazu bequem hin, und atme ganz entspannt. Lasse den Atem einfach fließen, wie er gerade kommt. Beobachte nur, greife nicht ein. Gehe nun durch deinen Körper. Wandere jede Körperstelle mit deinem Bewusstsein ab, beginnend beim Kopf: Fühle deine Schädeldecke, deine Stirn und deine Augen, deine Wangen und Kieferknochen, dann deinen Hals, deine Schultern, deinen Rücken, deine Arme, deine Hände, deine Finger, deine Brust, deinen Bauch, deine Hüfte, deine Oberschenkel, deine Knie, deine Unterschenkel, deine Knöchel, deine Füße, deine Zehen. Gehe einfach nur durch deinen Körper, bewerte nicht, sondern nimm nur wahr. Was fühlst du? Wo ist es hart und verspannt? Wo weich und locker? Wo schmerzt und kratzt es? Wo hast du kaum Gefühl? Wo spürst du viel? Höre in deinen Körper hinein. Die Impulse, die du erhältst, werden mit jedem Mal, das du diese Übung machst, deutlicher, und du bekommst einen guten Zugang zur Körperebene. Sei dankbar für jeden Impuls, jedes Gefühl, das dich erreicht. Wenn du Verspannung, Härte, Schmerzen, nichts spürst, kannst du bei der jeweiligen Region länger verweilen mit deinem Bewusstsein und deinen Atem gedanklich dorthin leiten. Schicke mit jedem Atmen einen lichten, dankbaren Gedanken in diese Region. Spüre, wie sich der Druck nach und nach auflöst. Versuche aber nichts zu erzwingen. Wenn du deinen Körper länger nicht bereist hast, lösen sich die Verspannungen und Ungleichgewichte nicht beim ersten Mal. Mache es zu deinem Abendritual, und du wirst die Wirkung spüren.

Du kannst die Übung ausdehnen, indem du in Kommunikation mit den einzelnen Organen trittst. Das erfordert anfänglich vielleicht etwas Überwindung, aber lehne es nicht gleich ab. Probiere es aus, sonst wirst du auch die wohltuende Wirkung nicht erfahren können. Lege dich wieder bequem hin, und reise über deinen Atem nach innen. Gehe über dein Herzzentrum mit dem Bewusstsein in deinen Körper, d. h., du spürst bewusst nach, wie sich dein Atem von der Lunge in die Brustregion ausbreitet und dein Herz weitet. Von hier aus gehst du gezielt zu einem Organ, das dir Sorgen bereitet, oder du nimmst wahr, welches Organ dich ruft. Es handelt sich hier um eine intuitive Seelenkommunikation. Du wirst also von deiner Seele geleitet, die im Austausch mit deinen Organen steht. Schalte deinen Kopf möglichst aus, und erlaube dir, die Impulse wertfrei wahrzunehmen und sie nicht als Spinnerei abzutun. Bist du bei einem Organ, dann stelle deine Fragen: »Was fehlt dir? Was willst du mir sagen? Was kann ich für dich tun? Welche Bereiche sind noch betroffen?« Denn häufig meldet sich zuerst ein Organ, das überlastet ist durch die Übernahme einer Aufgabe für ein anderes Organ, das seinen Dienst heruntergefahren hat. Hüftprobleme rühren z. B. häufig von einem verspannten Nacken her, der den ganzen Rücken verzieht, was dann zu einer Fehlstellung der Hüften führt. Es kann auch vorkommen, dass es eine Auseinandersetzung der Organe untereinander gibt. Diese können wir lösen, indem wir den Organen Zeit und Raum schenken durch unser bewusstes Beachten und Zuhören und dann verstehen, dass der Körper versucht hat, das Beste für uns aus der Situation zu machen. Er ist jederzeit bereit, wieder in den Idealzustand zu gehen, wenn wir ihn lassen. Das erreichen wir, indem wir nicht noch auf die Körperstelle oder das Organ schimpfen, das ein Problem hat, sondern uns für seinen Dienst und seine Bemühungen bedanken und ihm versichern, dass wir die Notlage erkannt haben und nun alles dafür tun werden, dass Entspannung eintreten kann. Du wirst erstaunt sein, was du alles hören wirst und welche Selbstheilungskräfte möglich sind. Ich habe auf diese Weise in Kommunikation mit meiner Leber einen Diabetes umkehren können – selbstverständlich unter ärztlicher Aufsicht und mit begleitenden Maßnahmen. Mein Arzt hat damals von einem Wunder gesprochen und wollte mit mir ein Buch über meine Herangehensweise schreiben, so begeistert war er vom Erfolg. Ja, Kommunikation ist das A und O jeder Verbindung – auch der zu unserem Körper. Dein Körper wartet auf dich!

Alles hängt mit allem zusammen – das trifft in besonderer Weise auf unseren Körper zu. Aufgrund dieser Verbundenheit ist Dankbarkeit so hochwirksam. Sie bestärkt die Verbundenheit neu und animiert den Körper, sich wieder in seine Blaupause, also den idealen Zustand seines Seins, zu begeben, weil wir ihm kommunizieren: »Alles ist gut. Du bist vollkommen.« Das nimmt den Stress aus dem System, der ja verantwortlich für die Überlastung und die Fehlleistung ist. Dankbarkeit ist eine Kraft, die im Unsichtbaren, nicht Fassbaren wirkt und daher umso mehr von uns verlangt, unseren Geist für neue Horizonte zu öffnen. Für Wahrheiten, die von außen nicht festgestellt, wohl aber von innen gefühlt und erkannt werden können. Sie sind nicht weniger real, weil es noch kein Gerät zum Messen der Dankbarkeit oder zur Überprüfung der Seele gibt. Was wir brauchen, sind Herz und Verstand und der Mut, neue Geschichten zu erzählen, die das Leben fördern und es nicht verhindern durch Vorgaben, was geht und was nicht. Wir verbauen uns selbst die besten Chancen durch das Dogma, dass nicht sein kann, was nicht sein darf. Wovor haben wir eigentlich Angst? Es ist Zeit für Dankbarkeit, meine Damen und Herren! Zeit, das Leben neu zu erforschen. Wir leben in einer Epoche, in der die Welt vermessen und alle Länder bereist sind. Brechen wir auf, unsere inneren Landschaften zu bereisen, und erkunden wir die Welt der Seele und des Geistes! In dieser neuen Welt ist Dankbarkeit unsere Reiseversicherung.

Wenn Dankbarkeit fehlt

Was tun, wenn du im Leben schon viele Rückschläge erfahren hast, du dich als körperlich, emotional, spirituell überfordert erlebst und einfach keine Dankbarkeit empfinden kannst? Dann ist vor allem eines wichtig: Lasse dir Zeit. Setze dich nicht unter Druck, und halte dich nicht selbst für einen schlechten oder bestraften Menschen. Werte aber auch nicht die Dankbarkeit ab. Es geht hier um Respekt für beide Seiten – vor allem vor dir und deinen Erfahrungen, die sich nicht einfach wegwischen lassen. Wenn du angefüllt bist mit Schmerzen, dann bist du voll, da ist dann auch kein Platz für Dankbarkeit. Jeder, der sagt, das könne man mit ein paar Worten lösen, der verkennt die Lage und würgt dir zusätzlich einen rein. Du möchtest ja gern Dankbarkeit empfinden, sonst würdest du dieses Buch nicht lesen. Aber es geht nicht. Warum? Weil du aus Schutz und Fürsorge für dich dein Herz eingemauert hast. Das ist kein Makel, das war eine vernünftige Maßnahme in Zeiten, die alles von dir gefordert haben. Deshalb ist der erste Schritt, die Schmerzen ziehen zu lassen, indem du sie da sein lässt. Unterdrücke sie nicht oder versuche sie von außen mit Dankbarkeit und Liebe zuzukleistern. Dann spielst du Dankbarkeit vor, weil das gut sein soll und du von innen noch keine

Dankbarkeit empfinden kannst. Doch das bewirkt genau das Gegenteil. Der Weg geht durch den Schmerz, durch die Verarbeitung der verletzenden Emotionen, durch die Befreiung der Gefühle in die Dankbarkeit. Ja, das kann dauern, und ja, das kann ein schwerer Weg sein, und ja, es ist gut möglich, dass du auf diesem Weg auch professionelle Hilfe brauchst.

Aber wenn der Moment gekommen ist, dann erinnerst du dich an Dankbarkeit als innere Haltung. Diese Kompetenz wird dich in die Selbstmächtigkeit führen, da du mit dir selbst machtvoll umzugehen gelernt hast. Dann findest du die Kraft, dich für das Gefühl der Dankbarkeit zu öffnen, und kommst aus deinem Schneckenhaus heraus. Du wirst erkennen, dass es sehr wohl möglich ist, eine dankbare Haltung einzunehmen, auch ohne ein Gefühl der Dankbarkeit zu spüren, solange nun einmal der Schmerz der Erfahrungen noch auf deiner Seele liegt. Und solange kein dankbares Gefühl da ist, ist es überlebensnotwendig, sich zu vergegenwärtigen, dass wir das Gefühl fördern können durch eine Haltung der Dankbarkeit. Das ist gerade durch deine Lebensangst möglich, denn Dankbarkeit ist eine Haltung, die Mut verlangt. Und Mut entfaltet sich entlang von Angst. Wenn also der Wunsch nach einem dankbaren Leben besteht, dann besteht auch Hoffnung, dieses Gefühl der Dankbarkeit zu erreichen. Gehe mutig voran, und finde mit jedem Schritt mehr Vertrauen ins Leben. So bringst du nach und nach auch die Dankbarkeit zum Erblühen. Es ist diese Entscheidung, um die es geht:

einmal Ja sagen zum Wunsch, ein dankbares Leben zu führen, und mutig die Schritte einleiten, die dahinführen. Auch wenn du noch nicht sehen kannst, wo der Weg genau liegt, gehe ihn trotzdem. Lade Dankbarkeit ins Leben ein, auch wenn du sie nicht spürst, denn das ist der Weg, der dazu führt, dass du die Dankbarkeit, die du lebst, auch einmal empfinden wirst. Das ist kein Heilversprechen, aber die aufrichtige Ermutigung, diesen Weg voller Vertrauen zu gehen.

Irgendwann kommt die Zeit, in der Gefühl und Haltung übereinstimmen. Das ist der Moment, zu dem Vertrauen in das Leben zurückkehrt und die Angst überwunden ist. Wenn das drückende Gefühl auf der Brust, das den Atem so schwer macht, all die Angst und Verzweiflung, verschwindet und ein freies Durchatmen möglich wird, weicht die Erschöpfung dem Gefühl der Lebendigkeit. Dann hat das Gefühl der Dankbarkeit Denken, Fühlen und Handeln eins werden lassen, und der Flow des Lebens kann dich wieder in Leichtigkeit und Freude führen. Denke immer daran: Freude ist dein Geburtsrecht, und Dankbarkeit ist dein Ticket in diese schöne Welt.

>>> Übung: Dankbarkeitshilfen

Wer das Gefühl von Dankbarkeit nicht kennt, dem fällt es natürlich auch schwer, sich in den Übungen Dankbarkeit vorzustellen. Wir können schließlich nur auf unseren eigenen Erfahrungsschatz zurückgreifen. Und jede Übung kann immer nur so wirkungsvoll sein, wie sie auch geeignet ist, genau an deinen Erfahrungshorizont anzudocken. Nur dann kann sich die Kraft der Übung von innen heraus entfalten, und sie ist nicht von außen übergestülpt. Dies würde dich weiter von dir weg führen als zu dir hin.

Um das Gefühl von Dankbarkeit zu erzeugen, möchte ich dir drei Hilfestellungen an die Hand geben:

○ **Dankbarkeit ist keine Einbahnstraße.** Werde du zum Quell der Dankbarkeit für andere, und nähere dich so dem Gefühl. Schaue in die leuchtenden Augen von Menschen, denen du eine Freude bereitet hast und die dir gegenüber echte Dankbarkeit empfinden. Diese Energie wird dein Herz berühren.

○ **Dankbarkeit ist göttlich.** Wenn du mit Menschen schlechte Erfahrungen gemacht hast, dann schaue von einer höheren Warte auf die Dankbarkeit. Das Gefühl der Dankbarkeit und der Segen der Quelle fließen dir in jedem Moment zu. Wende dich ihr zu, und entdecke die Quelle der Dankbarkeit in dir.

○ **Dankbarkeit ist ein Wort.** Mit Worten schaffen wir Realitäten. Sprich die Worte »Ich bin dankbar« jeden Tag immer wieder, auch wenn du sie am Anfang noch nicht fühlst. Nach und nach wird aus dem Lippenbekenntnis ein echtes inneres Erleben. Die Kraft des »Ich bin« ist die Kraft der Präsenz, die sich ausbreiten kann, wenn du die Worte täglich sprichst. Schreibe dir die Affirmation am besten auf einen Notizzettel, und klebe ihn neben deinen Badezimmerspiegel. Sprich sie immer, wenn dein Blick daraufällt.

Häufig liegt ein Fehlen von Dankbarkeit nicht am fehlenden Gefühl, sondern es hapert schlicht daran, das Gefühl auch auszudrücken in Worten, Gesten, Taten. Dadurch wird es erst sichtbar und somit auch bewusst erlebbar. Es gibt verschiedene Arten von Dankbarkeit, auf dir wir unser Augenmerk legen können, um sie bewusst mehr zum Ausdruck zu bringen.

Ernenne einen Tag in der Woche zum Dankbarkeitstag, und bringe die Magie der Dankbarkeit in die Welt.

Nach dem Psychologen Michael Tomoff gibt es vier Kategorien von Dankbarkeit, in denen du dich üben kannst.

Kategorie 1: Dankbarkeit gegenüber dir selbst

Diese Kategorie fällt uns häufig am schwersten, und doch ist sie am wichtigsten. Eine ganz einfache Maßnahme: Nimm Komplimente und Dank von anderen mit genauso offenem Herzen an, wie das Wort geäußert wurde. Und streiche bitte den Satz »Das wäre doch nicht nötig gewesen« für immer aus deinem Wortschatz.

Kategorie 2: Dankbarkeit gegenüber einem lieben Menschen

Diese Kategorie lässt sich gut auch körperlich zeigen. Nimm einen lieben Menschen einfach einmal so in den Arm, drücke ihn fest, und sage zu ihm: »Ich bin so dankbar, dass es dich gibt.«

Kategorie 3: Dankbarkeit gegenüber einem fordernden Menschen

Diese Kategorie ist für Fortgeschrittene. Was tun, wenn ein Danke nicht leicht über die Lippen kommt? Dann ist Schweigen Gold. Höre genau zu, wo das Problem des anderen liegt. Versuche nicht, ihm von deiner eigenen Position zu überzeugen, sondern habe die Größe, dir die abweichende Sichtweise in Ruhe anzuhören. Es zeigt sich eine neue Perspektive, und dafür kannst du durchaus dankbar sein – im Stillen oder auch ausdrücklich. Freue dich auf die Reaktion, sie wird bestimmt auch abweichend sein.

**Kategorie 4: Dankbarkeit gegenüber einem Menschen,
der dich bedient**

Diese Kategorie können wir alle mehrmals täglich üben. Dazu gibt es ganz viele Möglichkeiten, die uns auch sofort einfallen, wenn wir den Service nicht als selbstverständlich übersehen, sondern den Menschen dahinter wahrnehmen. Mehr Trinkgeld, ein ehrliches Dankeschön oder auch ein Wort des Lobes – vielleicht sogar für den Vorgesetzten. Warum nicht?

Dankbarkeit ist in der Welt

»Dankbarkeit ist eine Tugend«, so Freiherr von Knigge. Eine in meinen Augen unterschätzte Tugend, weil ihre Kraft so sanft und leise daherkommt. Sie wirkt auch, wenn sie nur still zum Ausdruck gebracht wir, wir darüber nachdenken oder schreiben, denn ihre Kraft entfaltet sich weniger im Außen als vielmehr in uns. Das Potenzial der Dankbarkeit für uns Menschen ist in meinen Augen unendlich, und wir stehen erst am Anfang der Erkenntnis.

Was ich zum Abschluss unbedingt noch festhalten möchte: Dankbarkeit ist keineswegs auf uns Menschen beschränkt. Auch Tiere empfinden Dankbarkeit und zeigen sie auf ihre Art. Eine Katze bringt ihren Lieben z.B. Mäuse von der Jagd mit. Oder wenn eine Katze versehentlich in einem Zimmer eingesperrt wurde und eine zweite Katze durch Kratzen vor der Tür darauf aufmerksam macht, drückt sich die Katze, wenn die Tür dann geöffnet wird, an die Beine des Menschen und leckt der zweiten Katze zum Dank für ihre Mithilfe den Kopf. Auch bei Wildtieren ist Dankbarkeit zu beobachten. So gibt es einen Bericht von Tauchern in Australien, die einen Wal aus einem Fischernetz befreit und so vor dem Ertrinken gerettet haben. Dieser ist dann lange neben den Tauchern geschwommen als Zeichen seiner Dankbarkeit.

Dankbarkeit ist in der Welt. Sie umgibt uns. Sie ist die Energie, die alles miteinander verbindet und dem Leben selbst innewohnt. Das unsichtbare Band, das uns ein Gefühl des Aufgehobenseins und Dazugehörens vermittelt und uns eine erste Ahnung von der unendlichen Fülle und dessen vermittelt, was alles möglich ist, wenn wir unser Herz öffnen und unser Leben aus der Fülle und Freude heraus führen. Dankbarkeit ist ein erhebendes Gefühl, das inneren und äußeren Frieden schafft. Alle Kämpfe sind dann vorbei.

Ich danke dir von Herzen,
dass du dich
der Dankbarkeit widmest.

Es wird sich dadurch nicht nur dein Leben verändern, was ja schon wundervoll ist. Aber das noch größere Wunder ist, dass es deine dankbare Haltung ist, die dein Vertrauen in die Welt wachsen lässt, wodurch die Angst aus der Welt verschwindet. Ohne Angst, diese Geißel der Menschheit, können wir wieder leben, was wir sind: lebendige, beseelte Wesen, die in Frieden, Wohlergehen, Freude und tiefer Verbundenheit aller Menschen, Geschlechter, Nationen und Völker in Harmonie mit unseren Geschwistern, den Tieren, und allem Leben auf dieser Erde unser Dasein entfalten. So möge es sein. Danke. Danke. Danke.

Wie es weitergeht

Ich hoffe, dieses Buch hat dir die Augen geöffnet: Dankbarkeit ist mehr als ein Gefühl. Sie ist der Schlüssel zu einem erfüllten, bewussten Sein im Moment. Sie ist eine innere Haltung, aus der heraus du dem Leben, dir selbst und anderen mit Wertschätzung, Achtsamkeit und Liebe begegnest. Und du kannst diesen beflügelnden Zugang und Blick auf dein Leben »lernen«. Wenn du über die Übungen in diesem Buch hinaus noch tiefer einsteigen möchtest, biete ich dir zwei Wege an:

1. Nimm an meinem dreiwöchigen Online-Programm »Quell der Dankbarkeit« teil.

Öffne dir den Zugang zur Dankbarkeit. In nur drei Wochen legst du den Grundstein für mehr Erfolg, Freude, Verbundenheit, Wohlergehen, Miteinander – und das alles dank der Dankbarkeit, die du in dein Leben integrierst. Kann es wirklich so einfach sein? Ja, kann es.

Probiere es selbst aus, und tauche ein in die Welt der Dankbarkeit. Lerne den Weg kennen, der dich dein Leben in Leichtigkeit und Freude meistern lässt. Gönne dir mit meinem Online-Programm einen Anschub, und schöpfe dein Leben lang aus dem Quell der Dankbarkeit.

Was dich erwartet: Jede Menge Inspiration, Ermutigung und Förderung in Form von Videos, Audios, einem Workbook mit Übungen und Selbstreflexionen, Live-Calls – Gruppengefühl und ein mit Widmung signiertes Exemplar von »Echte Dankbarkeit« inklusive.

- Woche 1: Finde heraus, was der Dankbarkeit im Weg steht und dich bisher daran gehindert hat, Dankbarkeit zu leben.
- Woche 2: Finde heraus, was Dankbarkeit in deinem Leben fördert und wie du deine Achtsamkeit steigern kannst.
- Woche 3: Finde heraus, was Dankbarkeit für dich bedeutet und wie du ein Quell der Dankbarkeit wirst.

Hier kannst du dich anmelden: https://elopage.com/s/kristina-marita/quell-der-dankbarkeit. Bis Ende 2018 gibt es einen Einführungsrabatt von 20 Prozent!

2. Werde Teil meiner Community, und erhalte Zugang zur Dankbarkeitsgruppe.

Via WhatsApp machen wir die Kraft der Dankbarkeit sichtbar. Hier sind nur »Dankbarkeits-Mitteilungen« erlaubt, kein Chat. Es ist sehr bewegend, die Dankbarkeit in der Verbindung zu spüren.

Hier findest du kostenlos Zugang zu meiner Community: www.kristina-marita.com. Mit der Anmeldung erhältst du auch meinen Newsletter mit Infos zu meinem Sein als Autorin, Speakerin und SoulGuide sowie weitere Angebote und Rabatt-Aktionen von mir. Du kannst dich jederzeit wieder vom Newsletter abmelden.

Ich bin dankbar für dein Dabeisein und dein Dasein. Machen wir gemeinsam die Welt zu einem Ort der Dankbarkeit!

über die Autorin

Kristina Marita Rumpel ist bekannte Buchautorin, Soziologin, Trainerin (IHK), Speakerin und SoulGuide. Nach überstandener Krebserkrankung hat sie sich intensiv mit den Themen »Weiblichkeit«, »(Neu-)Geburt« und »Heilsamer Wandel« befasst. Sie ist Expertin für eine neue Geburts- und Sterbekultur sowie das »In-Ordnung-Sein« und Weisheitsträgerin. Sie schreibt und spricht kraft der Erneuerung einer weiblichen, lebensbejahenden Spiritualität. Ihre Bücher und Angebote helfen Menschen, sich selbst und die Welt neu zu sehen. In liebevoller Klarheit führt sie in die Präsenz der Seele und in ein im Leben verwurzeltes Sein.

www.kristina-marita.com

Danke für deine **REZENSION**
– Gemeinsam sind wir mehr –

Liebe Leserin, lieber Leser,

von Herzen danken wir dir, dass du dieses Buch in den Händen hältst und es bis zum Ende gelesen hast. Das bedeutet uns, dem Schirner Verlag und seinen Autoren, sehr viel. Aus voller Überzeugung und mit Hingabe widmen wir uns seit vielen Jahren Themen, die unser aller Lebensqualität und Bewusstwerdung dienlich sind, und hoffen, einen Beitrag für eine lichtvollere Welt leisten zu können. Wenn dir unsere Arbeit gefällt, möchten wir dich bitten, dir einige Minuten Zeit zu nehmen, um dieses Buch zu rezensieren. Warum? Die meisten Menschen lesen Rezensionen, bevor sie ein Buch kaufen, da sie hierdurch einen Eindruck bekommen, ob und wie der Inhalt des Buches den Leser erreicht hat. Eine kurze Rezension ist dabei ebenso hilfreich wie eine lange, sehr ausführliche. Um es auf den Punkt zu bringen:

Eine Rezension ist heutzutage die beste Werbung für ein Autorenwerk!

Wenn du den Schirner Verlag und seine Autoren neben dem Buchkauf auch anderweitig unterstützen willst, dann bitten wir dich: Schreibe für jedes Werk eine Rezension – am besten auf der Seite, wo du es gekauft hast, und zusätzlich beim Schirner Verlag und bei Amazon. Das wäre nicht nur eine Wertschätzung für die Autoren, sondern kann dazu beitragen, dass die Verkaufszahlen steigen und der Schirner Verlag auch in herausfordernden Zeiten Bestand hat.

WIE SCHREIBT MAN EINE REZENSION?

Grundsätzlich sollte eine Rezension aus der eigenen, subjektiven Sicht geschrieben werden, da es sich um eine persönliche Meinung handelt. Du kannst in zwei Sätzen deine Gedanken zu dem Buch äußern oder eine längere Rezension verfassen. Falls du nicht weißt, wie du beginnen sollst, hier ein paar Anregungen:

- War das Buch leicht verständlich geschrieben? Wie hat dir die Sprache gefallen? Wie empfandest du die Aufteilung der verschiedenen Themen?

- War es unterhaltsam? War es deiner Meinung nach mit Herzblut und Liebe geschrieben? Wie hat es auf dich gewirkt?

- Hat es dein Herz berührt? Konntest du dich wiederfinden?

- War es tief greifend genug? Hast du viel Neues gelernt?

- Hat es gehalten, was der Titel und die Buchbeschreibung versprochen haben? Hat es deine Erwartungen erfüllt?

- Was macht das Buch besonders? Warum sticht es heraus im Vergleich zu anderen Büchern, die ein ähnliches Thema behandeln?

- Würdest du das Buch weiterempfehlen oder verschenken?

Bildnachweis

Fotos von der Bilddatenbank www.shutterstock.com:

Layoutelemente: Zickzackkreis, Pfeilkette, Seitenzahl- und Eckenkringel, Zierstriche, Bäume und Blätter: #556769113 (© mhatzapa), Geschenke: #526288633 (© nubenamo), Balken neben Übungen: #279643667 (© Chinnapong)

S. 2, 3: #1020683044 (© Billion Photos), S. 6, 7: #1076265761 (© Flaffy), S. 8: #521419069 (© Ammily CP), S. 11: #251915911 (© eyeretina), S. 15: #626540330 (© annienit), S. 16: #1019363746 (© Jaroen Jaikla), S. 21 oben links: #308237507 (© Natasa Adzic), oben rechts: #464337974 (© Yukikae4B), unten: #1013488639 (© Billion Photos), S. 22: #1009393072 (© aslysun), S. 24: #534375184 (© nito), S. 25: #766307140 (© SewCream), S. 26: #595692914 (© Bogdan Sonjachnyj), S. 28: #209095138 (© Yana Godenko), S. 29: #595489769 (© Flaffy), S. 30: #774318322 (© WHYFRAME), S. 32: #1076265761 (© Flaffy), S. 34 oben :#573869602 (© Rasulov), unten: #795829897 (© Floral Deco), S. 36 links: #428660125 (© Alena TS), rechts: #388892920 (© BrAt82), S. 39: #1046355187 (© SunCity), S. 40: #407482366 (© SusaZoom), S. 42: #243276463 (© Subbotina Anna), S. 45: #154414709 (© Csaba Peterd), S. 46: #712601914 (© funnyangel), S. 47: #84931642 (© Lena Pan), S. 48: #573374317 (© Chinnapong), S. 49: #260139731 (© aliasemma), S. 50: #219843502 (© Chromakey), S. 53: #457572232 (© Bogdan Sonjachnyj), S. 54: #452874532 (© AstroStar), S. 55: #61843192 (© Subbotina Anna), S. 56: #494718370 (© frankie's), S. 57: #434667970 (© Natalia7), S. 59: #1028070391 (© Olga_Ionina), S. 61: #422298076 (© graphbottles), S. 62: #424745005 (© Flaffy), S. 64: #638566936 (© Yevhen Vitte), S. 65: #1060361546 (© sc0rpi0nce), S. 66: #586741628 (© Liudmila Fadzeyeva), S. 68: #678689332 (© Yuricazac), S. 72: #444113482 (© WHYFRAME), S. 75: #475597393 (© Flaffy), S. 77: #275161592 (© A. and I. Kruk), S. 78: #387513634 (© wavebreakmedia), S. 79: #257486599 (© woottigon), S. 83: #572255629 (© George Rudy), S. 84: #258683873 (© Stokkete), S. 86: #165699494 (© iravgustin), S. 88: #1074068996 (© ju_see), S. 90: #540303829 (© amirage), S. 92: #35599786 (© marre), S. 94: #575028727 (© WHYFRAME), S. 96: #780685579 (© Sementsova Lesia), S. 97: #591290351 (© PranThira), S. 98: #678459316 (© Rachel Juliet Lerch), S. 99: #470992058 (© Seksun Guntanid), S. 100: #789043864 (© oatawa), S. 422298076 (© graphbottles), S. 103: #1045145041 (© Eva Orlova), S. 105: #360192704 (© Luna Vandoorne), S. 106: #565525462 (© sandsandee), S. 108: #594028310 (© Flaffy), S. 109: #456513784 (© WHYFRAME), S. 110: #368631026 (© Matee Nuserm), S.112: #213376993 (© Kaspars Grinvalds), S. 113: #583471174 (© Grisha Bruev), S. 115: #739428229 (© ju_see), S. 117: #659196517 (© Efetova Anna), S. 118: #1017066844 (© Jaromir Chalabala), S. 120: #624832211 (© Elena Schweitzer), S. 121, 124: #1020683044 (© Billion Photos), S. 128: #633547787 (© Billion Photos)